Эго – ваш самый ценный враг

Этот текст был первоначально опубликован в Индии в 2023 году.
Правки и макет этой версии защищены авторским правом © 2023.
Индраджит Наяк

Эта публикация не имеет никакого отношения к первоначальному автору или издательской компании.

# Эго - ваш самый ценный враг

Индраджит Наяк

Индия
2023 год

# СОДЕРЖАНИЕ

# Глава 1: Мучительный пролог

Эта книга не обо мне; однако, поскольку эта книга об эго, я должен затронуть вопрос, который, должно быть, приходил мне в голову в какой-то момент жизни.

Кто я такой, чтобы это писать?

Моя история, возможно, не будет иметь решающего значения для последующих уроков, но я хочу изложить некоторую предысторию. За свою короткую жизнь я испытал весь спектр человеческих эмоций: стремление, успех и неудачу – все в быстрой последовательности.

В девятнадцать лет, почувствовав невероятные возможности, способные изменить мою жизнь, я решил бросить колледж. Наставники соперничали за мое внимание и превращали меня в своего протеже; Будучи человеком, обреченным на великие дела, успех пришел быстро: будучи самым молодым руководителем агентства по управлению талантами в Беверли-Хиллз, я помог подписать контракты и поработать с несколькими крупными рок-группами, прежде чем стал консультировать несколько книг, которые были проданы миллионами и создали свои собственные литературные жанры. .

В 21 год я начал работать стратегом в American Apparel, одном из самых популярных модных брендов в мире. Вскоре я стал ее директором по маркетингу.

В двадцать пять лет я опубликовал свою дебютную книгу — мгновенный и противоречивый бестселлер, на обложке которого было видно мое лицо, — которая быстро стала сразу же спорным бестселлером. Вскоре после этого студия приобрела права на телешоу о моей жизни; со временем я накопил многие атрибуты успеха: влияние, платформу, освещение в прессе, ресурсы, деньги и даже некоторую известность. Позже эти активы помогли мне основать прибыльную компанию, работая с высокооплачиваемыми клиентами и одновременно выполняя работу, которая приносила мне приглашения выступать на конференциях или модных мероприятиях.

Успех часто приносит с собой неизбежное желание приукрасить свое повествование; приукрасить и добавить мифологические слои. Здесь может вступить в игру остросюжетная история о героической борьбе, несмотря ни на что: сон на полу, отвержение родителей, страдания из-за своих амбиций и так далее.

В рамках своих историй спортсмены часто создают истории, в которых их таланты становятся краеугольным камнем их личности, а достижения прославляются как индикаторы ценности.

Но истории такого типа никогда не бывают честными и полезными; когда я рассказывал вам об этом сегодня утром, я для удобства упустил многие детали, такие как стрессы и искушения; капли, вызывающие тошноту; ошибки – все ошибки – были исключены из монтажной, чтобы вместо этого сосредоточиться на создании видеоролика с наиболее яркими моментами. О таких случаях я предпочитаю не говорить: когда кто-то, на кого я равнялся, публично отругал меня и причинил такую боль, что мне позже потребовалось лечение в отделении неотложной помощи. «Когда мои нервы сдали, и я решил, что не могу продолжать работать редактором в фирме моего босса, и сказал ему, что не выдержу этого и возвращаюсь в школу – и имел это в виду – было одним из многих запоминающихся событий того года Другие включают в себя краткое пребывание бестселлера всего в семь дней (на самом деле пять). Один человек появился на моей автограф-сессии, во время которой книга, которую я основал, разорвалась на части, а затем была восстановлена снова (дважды). Такие моменты часто случаются. невидимый при просмотре отредактированной компиляции.

Этот более полный портрет остается лишь снимком, но, по крайней мере, он отражает больше того, что важно - по крайней мере, с точки зрения этой книги: амбиции, достижения и невзгоды.

Я не верю в прозрения. Нет ни одного момента, который бы изменил одного человека; вместо этого есть несколько моментов. Однако в течение 2014 года казалось, что эти прозрения продолжали случаться одно за другим.

Во-первых, компания American Apparel, где я проделал большую часть своих лучших работ, балансировала на грани банкротства с сотнями миллионов долгов и была вынуждена спать на диванах у друзей из-за того, что ее собственный совет директоров без предупреждения уволил ее. . Затем появилось мое агентство талантов, где я зарабатывал себе на жизнь, когда клиенты, которым оно задолжало деньги, безжалостно предъявляли иски, а затем еще один мой наставник внезапно распался, оставив после себя наши отношения разрушенными.

Это были люди, вокруг которых я построил свою жизнь; те, на кого я равнялся и с кем тренировался. Их стабильность – финансовая, эмоциональная, психологическая – имела решающее значение для моего существования и самоощущения. А здесь они все рушились прямо на моих глазах один за другим.

Как только он понял, что это не то, что они себе представляли, все начало быстро ухудшаться. Переход от желания быть похожим на кого-то всю свою жизнь к осознанию того, что они не разделяют ваши цели, может быть весьма неприятным - то, к чему никакая подготовка никого не сможет подготовить. Даже я не был застрахован от этого растворения. Как раз тогда, когда это казалось маловероятным, в моей жизни начали всплывать проблемы, которыми я пренебрегал.

Хотя мои успехи были велики, я вернулся в свой родной город в стрессе и переутомлении, растратив большую часть своей с таким трудом завоеванной свободы из-за денег и кризисных ситуаций. Любое нарушение приводило меня в безутешную ярость, которая делала работу, когда-то приносившую удовольствие, утомительной; мое доверие к себе и другим распалось; как и качество моей жизни.

Проведя несколько недель в путешествиях и нечасто бывая дома, когда однажды после нескольких недель в дороге я, наконец, вернулся домой, я испытал сильную паническую атаку, потому что мой Wi-Fi не работал — «если эти электронные письма не проходят». . и что?" Если мои письма не отправляются. Если это произойдет… ну и что тогда?"…

Когда общество вознаграждает вас, вы верите, что поступаете правильно; но затем твоя будущая жена уходит из-за изменений в тебе как личности.

Как происходит нечто подобное? Приводит ли один день к другому, когда мы чувствуем себя словно стоящими на гигантах, а затем к другому, когда пытаемся выбраться из многочисленных взрывов и собирать осколки после их разрушения?

Одним из преимуществ было то, что это заставило меня лицом к лицу противостоять своей зависимости; не в смысле «О, он просто слишком много работает» или «Просто расслабься и отыграйся», а скорее в форме: «Если он не начнет ходить на собрания и очищаться в ближайшее время, он скоро станет чистым». умереть ранней смертью». Я осознал, что то, что сделало меня успешным, стоило дорого – как и многим другим; мое стремление и принуждение сыграли такую огромную роль в моем самоощущении, что это было похоже на тюрьму; создавая бесконечную беговую дорожку боли и разочарования, которая требует объяснения, прежде чем сломаться, иначе могут произойти трагические результаты.

Как исследователь и писатель, я много лет изучал историю и бизнес. Как и в любой человеческой деятельности, при длительном наблюдении начинают всплывать универсальные темы, и меня особенно заинтриговали вопросы, связанные с эгоизмом.

Я долго изучал эго и его последствия. Фактически, я потратил почти год на исследование для этой книги, когда произошли события, о которых я сейчас рассказываю. Тем не менее, мой болезненный опыт в этот период времени вывел эти идеи на свет так, как я никогда не мог ожидать раньше.
Эго заставило меня стать свидетелем его негативных последствий не только лично или на протяжении всей истории, но и на моих друзьях, клиентах и коллегах, которые занимают руководящие должности в нескольких отраслях. Эго стоило людям, которыми я восхищаюсь, убытков в сотни миллионов, поскольку оно отвлекало их от достижения своих целей – как раз тогда, когда они думали, что достигли их – точно так же, как это сделал сам Сизиф. Теперь, по крайней мере, я сам заглянул за пределы этой пропасти.

Как только я осознал свою самореализацию, я сделал татуировку с фразой «ЭГО – ВРАГ». Хотя его источник остается неясным (вероятно, это старая книга, которую я прочитал десятилетия назад), эти слова быстро придали мне утешения и направления в моей жизни. На моей левой руке (столь же сомнительного происхождения) есть еще одна татуировка с надписью «ПРЕПЯТСТВИЕ — ЭТО ПУТЬ», служащая ежедневным руководством при принятии жизненных решений: плавание, медитация, письмо или просто выход из душа каждое утро — они оба напоминают мне о необходимости выбирайте правильный курс в каждой возникающей ситуации!

Я написал эту книгу не потому, что считаю нужным поделиться какой-то мудростью, а потому, что это была именно та книга, которая могла бы помочь мне в критические моменты моей жизни. Это были времена, когда решающим было ответить на два самых глубоких вопроса жизни: кто я и по какому пути я пойду (quod vitae sectabor iter)

Поскольку эти вопросы вечны и универсальны, за исключением только этой заметки, я решил в этой книге полагаться на философию и исторические примеры, а не на личный рассказ.

В книгах по истории могут быть представлены истории о влиятельных людях с видением, которые формировали историю в соответствии со своим видением с, казалось бы, иррациональной силой, но я пришел к выводу, что историю также создают люди, которые боролись со своим эго на каждом шагу, избегали всеобщего внимания и занимали более высокие места. цели выше личного признания. Взаимодействие с этими историями и их рассказывание было моим методом обучения и ассимиляции.

Как и мои предыдущие книги, эта глубоко основана на философии стоиков и всех великих классических мыслителях. Как и в самой жизни, при написании этой книги я во многом опираюсь на их мудрость; любой успех будет исходить от них, а не от меня! Если вам что-то вообще от этого поможет - поблагодарите их, а не меня!

Демосфен однажды сказал, что добродетель начинается с понимания и завершается мужеством. Мы должны начать с того, чтобы увидеть себя и мир свежим взглядом; тогда становится важным бороться за то, чтобы оставаться уникальным и в то же время оставаться другим — это может быть непростой задачей; Я не призываю репрессировать или подавлять всех, кто не согласен с вашим мировоззрением; скорее, нам следует стремиться принять все точки зрения как действительные.
Не позволяйте эго управлять вашей жизнью; Существуют моральные истории, которые помогают нам понять, когда это невозможно или заманчиво. Эти напоминания служат только для мотивации позитивных изменений.

Аристотель использовал аналогию, сравнивая человечество с искривленным деревом, чтобы изобразить человеческую природу. Чтобы избежать деформации или искривления, опытные мастера по дереву оказывают давление в противоположном направлении, медленно оказывая давление, чтобы выпрямить его. К сожалению, Кант сказал в 1788 году: «Из кривого дерева человечества ничто никогда не может стать прямым». Возможно, мы никогда не достигнем совершенства, но, по крайней мере, будем стремиться к более прямому пути.

Поначалу может быть приятно чувствовать себя особенным, уполномоченным или вдохновленным, но суть этой книги не в этом. Вместо этого моя цель состояла в том, чтобы упорядочить эти страницы так, чтобы вы могли оказаться там же, где и я, когда писал их: то есть с меньшим самооценкой, вложенным в вас, а также с освобождением от историй, которые вы рассказываете о себе, которые мешают вам достичь мира. -изменение работы, которую вы намеревались достичь.

# Глава 2: ВВЕДЕНИЕ

Прежде всего, не обманывайте себя; обмануть себя может быть достаточно сложно!

-- РИЧАРД ФЕЙНМАН Возможно, вы молоды и амбициозны. Или, возможно, ваши амбиции потерпели неудачу. Или, возможно, вы заработали свою первую пару миллионов, подписали свой первый контракт и стали финансово обеспеченными.

Вы недавно подписали свой первый контракт, были выбраны в элитную группу или уже достигли достаточного результата, чтобы прослужить вам всю жизнь? Возможно, до меня дошло, что высшие ряды кажутся пустыми. Или вам поручено вести других в чрезвычайной ситуации. Или, возможно, ваш начальник только что уволил вас, или вы сами достигли дна.

Ваш величайший противник уже живет внутри вас: ваше эго.

«Никто не назовет меня эгоистом!» Вы можете считать себя достаточно уравновешенным человеком, но у людей с амбициями, талантами, стремлениями и потенциалом, который необходимо реализовать, часто присутствует эго. То, что делает нас многообещающими мыслителями, деятелями, творцами и предпринимателями, также делает нас уязвимыми для этой темной стороны нашей психики.

Психологи-фрейдисты использовали аналогии, чтобы объяснить наше эго; Фрейд сказал, что мы сидим верхом на нем, как едем на лошадях, с бессознательными побуждениями, представляющими животных, которыми мы должны управлять через эгоистическое представление о себе как о всадниках на лошадях; вместо этого современные психологи называют таких людей «эгоистами», имея в виду кого-то, кто опасно сосредоточен на себе, не обращая внимания ни на кого другого; все эти определения могут быть точными, но имеют ограниченную ценность вне клинической среды.

Эго можно определить по-разному; одно из таких определений: нездоровая вера в собственную значимость, высокомерие и эгоистичные амбиции – все это подходит под определение раздутого эго, данное в этой книге – это тот ребенок внутри каждого человека, который отдает предпочтение тому, чтобы добиться своего, а не чему-либо или кому-либо. еще; потребность в признании, помимо каких-либо разумных причин, лучшим, большим или более ценным, чем когда-либо прежде.

Эго относится к чрезмерно раздутому чувству превосходства и уверенности, которое выходит за рамки таланта или уверенности.

Как заметил футбольный тренер Билл Уолш, наше восприятие себя и мира может исказиться, когда наши представления о себе и окружающем мире становятся слишком грандиозными для их же блага. Когда наши чувства к себе начинают становиться слишком раздутыми, чтобы их могла выдержать реальность; когда уверенность в себе превращается в высокомерие, настойчивость в упрямство, а уверенность в безрассудную самоотверженность - именно тогда наше эго начинает атаковать реальность, как это делает гравитация. Писатель Сирил Коннолли предупреждал о такой опасности, поскольку наше эго «засасывает нас, как гравитация».

Эго стоит на пути к тому, чего вы желаете и достигаете: овладению ремеслом, развитию творческой проницательности, хорошей работе с другими, построению лояльности и поддержки среди членов команды, повторению прошлых успехов, сохраняя при этом долголетие – оно отталкивает преимущества и возможности, привлекает врагов и ошибки. и одновременно Сцилла и Харибда!

Большинство из нас, возможно, не считают себя «эгоманьяками», однако наше эго остается в основе многих проблем и препятствий, с которыми мы сталкиваемся в жизни — от того, почему мы не можем победить, до того, почему победа слишком часто требует приписывания успеха за счет кого-то другого. от желания того, чего у нас еще нет, до того, почему наличие этого ничего не улучшает лично для нас.

Никто не видит этого таким образом; большинство из нас приписывают свои проблемы кому-то или чему-то другому (обычно другим людям). Как заметил 2000 лет назад римский поэт Лукреций, мы склонны винить в своих недугах другие вещи, а не себя; как выразился Лукреций, «больные люди не знают причин своей болезни». Особенно это можно сказать об успешных людях, чье эго не позволяет им увидеть, что нужно делать, поскольку все, что они видят, — это результаты того, что уже было достигнуто.

Когда мы преследуем каждую цель и амбиции, которые перед собой ставим, независимо от того, большие они или маленькие, кажется, что это всегда мешает.

Гарольд Джинин, генеральный директор-новатор, сравнил эгоизм с алкоголизмом: «В отличие от алкоголизма, эгоист не спотыкается, не сбивает вещи со стола, не заикается и не пускает слюни; скорее, он становится все более высокомерным; некоторые ошибочно интерпретируют такое поведение как признак власти или собственного достоинства». - уверенность - они ошибочно рассматривают такое отношение как признак того, что кто-то обладает авторитетом или уверен в себе; такие люди часто ошибочно принимают свое высокомерие за признак силы или самоуверенности, не осознавая, что оно распространилось или убивает их изнутри.

Эго, по определению первых членов Общества Анонимных Алкоголиков, можно охарактеризовать как голос, который говорит нам, что мы лучше, чем мы есть на самом деле, тем самым препятствуя истинному успеху, создавая искусственный барьер между нами и внешним миром. Эго также подрывает истинный успех, поскольку препятствует установлению честных связей с ним по прямым каналам. Эго препятствует истинному успеху, потому что оно создает барьеры, которые препятствуют прямому доступу между вами и тем, что вас окружает. к честным связям, установленным напрямую и честно с окружающими - тем самым препятствуя истинному успеху через косвенные каналы, препятствуя честному взаимодействию со всем, что находится вокруг нас, и всем вокруг нас - то, чему Эго препятствует, отравляет, когда мы имеем дело с жизненными обстоятельствами вокруг нас, сохраняя себя внутри себя. , создавая разделение внутри нас, время от времени вызывая разрыв с окружающими нас тем, что когда-то было реальным, отрицая честный контакт между нами и окружающими, а также тем, что окружающие нас не могут испытать настоящий успех путем сознательного отделения от всего, что исключает все возможности вовлеченности во все, что существует вокруг вас, что существует среди вас, и во всем сознательном отделении, которое происходит потому, что вы сознательно отделяетесь от того, что это означает...

Разделение проявляется негативно по-разному: мы не можем эффективно работать с другими, если воздвигли между собой барьеры; мы не сможем улучшить себя или мир, если нам не хватает понимания; и обратная связь не может быть принята или предоставлена, если нет возможности ее получить. Как личности мы часто становимся неспособными или не заинтересованы в получении информации из внешних источников. Не услышав того, что происходит вокруг, мы не сможем распознать возможности — или создать их — поэтому мы живем внутри своих собственных фантазий вместо того, чтобы видеть то, что лежит перед нами. Без точной оценки себя в сравнении со способностями других нам не хватает уверенности, а вместо этого мы впадаем в заблуждение; как мы можем достигать, мотивировать или вести других людей, если мы больше не можем удовлетворять их потребности из-за отсутствия связи со своими собственными?

Марина Абрамович ясно заявляет об этом: «Вера в себя может привести к упадку творчества».

Комфорт поддерживает процветание эго: отличная работа в спорте, искусстве или бизнесе может быть сложной, и Эго приносит облегчение, успокаивая этот страх и снимая неуверенность. Заменяя рациональное мышление эгоцентризмом и эмоциональными утверждениями, Эго дает нам то, что мы хотим, и тогда, когда мы этого хотим.

Но это решение может обеспечить лишь краткосрочное облегчение с долгосрочными последствиями.

Эго всегда было там; Теперь оно было усилено.

Сейчас, более чем когда-либо, наша культура поощряет чрезмерно раздутое эго. Никогда еще не было так легко говорить, напыщаться. Теперь мы можем хвастаться нашими целями перед миллионами фанатов и последователей — раньше доступ к этому имели только рок-звезды и лидеры культов. Твиттер позволяет нам следить за кумирами, которыми мы восхищаемся, и взаимодействовать с ними, а также с книгами/веб-сайтами/выступлениями TED, предлагающими вдохновение и подтверждение (есть даже приложение). Имея в своем распоряжении эти платформы, мы можем называть себя генеральными директорами компаний, которые существуют только на бумаге; объявляйте о важных новостях в социальных сетях и наблюдайте, как поток поздравлений льется потоком; публиковать статьи, которые когда-то считались нейтральными источниками.
Некоторые из нас практикуют такое поведение чаще, чем другие; это всего лишь вопрос степени. Поскольку технологические изменения происходят каждый день, становится все более важно принимать нашу индивидуальность и ценить ее, когда мы находим цель в жизни.

Люди часто слышат совет мыслить масштабно и жить масштабно; «осмелиться» и оставить свой след в истории. Многие считают, что для успеха необходимо наличие всеобъемлющего видения, подобного тому, которого придерживаются основатели компаний или чемпионских команд (но так ли это на самом деле?). Мы видим чванливость, идущую на риск среди успешных людей по телевидению, которые охотно пытаются перенять это отношение для себя в наших стремлениях к успеху. личные достижения.

Мы часто ошибочно принимаем корреляцию за причинно-следственную связь, хотя на самом деле ее нет; вместо этого мы ошибочно принимаем симптомы успеха за его фактическое проявление, принимая его побочный продукт за его причину.

Эго может сработать для некоторых, поскольку многие из самых знаковых людей в истории были известными эгоистами. Тем не менее, мы живем в среде, которая поощряет такое поведение, но слишком часто это приводит к большим затратам для других. Здесь мы находимся в среде, которая призывает нас действовать осторожно, играя вслепую, не принимая во внимание связанные с этим риски.

Куда бы вы ни пошли, ваше эго последует за вами.

В любой момент своей жизни люди обычно попадают в одну из трех стадий. Возможно, мы стремимся сделать впечатляющее заявление о том, кто мы есть, или пытаемся оставить свой след в обществе; или, возможно, мы добились успеха – небольшого или значительного – частично или полностью; или, наоборот, мы терпели неудачу – в последнее время или постоянно. Хотя чаще всего эти три состояния сосуществуют плавно: мы либо стремимся, пока не приходит успех, либо успех не приходит, пока не приходит неудача, либо мы можем начать стремиться или снова добиться успеха после неудачи - и так происходит для большинства.

Эго может быть врагом на любом пути к росту и выздоровлению, особенно в периоды переходного периода или трудностей. Хотя поначалу дела могут идти быстро и гладко, они часто становятся непростыми, когда жизнь становится трудной или резко меняется.

Таким образом, эта книга состоит из трех частей: Стремитесь. Завоевывать. и Оживить.

Успех. Отказ.
Цель этой структуры проста: она направлена на то, чтобы помочь подавить эго на раннем этапе, прежде чем плохие привычки укоренятся, заменить гордость смирением и дисциплиной при достижении успеха, а также развить устойчивость, чтобы, когда неудача настигнет нас снова, она не одолела нас. Проще говоря: эта структура стремится сделать нас всех: больше.

Смирение в наших целях Благодать в нашем успехе
Устойчивость к нашим неудачам

Это не означает, что вы не уникальны и можете внести что-то удивительное за свою короткую жизнь на этой Земле. Это также не означает, что нет возможности расширять творческие границы, изобретать или чувствовать вдохновение или стремиться к действительно амбициозным изменениям и инновациям; наоборот, чтобы делать эти вещи и брать на себя ответственность, нам нужен баланс; Квакер Уильям Пенн однажды заметил: «Здания, которые стоят незащищенными, нуждаются в прочном фундаменте». Ну что теперь? Эта книга, которую вы держите в руках, написана с одной предпосылкой: ваше эго не диктует вам свои требования на каждом шагу; скорее, им можно управлять и направлять.

В этой книге внимательно рассматриваются такие влиятельные личности, как Уильям Текумсе Шерман, Кэтрин Грэм, Джеки Робинсон, Элеонора Рузвельт, Билл Уолш, Бенджамин Франклин, Велизарий, Ангела Меркель и Джордж Маршалл, чтобы оценить, помешало бы их эго достичь того, что они - спасали пошатнувшиеся компании, продвигали военные стратегии, интегрировали бейсбол, революционизировали футбольное нападение, противостояли тирании или храбро переносили несчастья - без чувства реальности и осознанности - то, что советовал нам всем делать автор и стратег Роберт Грин - это было неотъемлемой частью всего, чего они достигли - произведения искусства, написанные, спроектированные, проданные потребителям, или лидерские способности, которые сделали великие произведения искусства, писания, разработки бизнес-стратегий или руководящие роли, занимаемые этими лидерами, которые вложили свои таланты и осведомленность во все, чего они достигли за время своего существования. соответствующие сроки жизни.

Изучая этих людей, мы обнаруживаем, что они были обоснованными, осмотрительными и честными в своем подходе. Хотя никто из них не был полностью лишен эго, они знали, когда и как подчинить себе или подавить его, когда это необходимо — действительно великие, но скромные личности.

Подождите, а у такого-то было огромное эго и он добился успеха? А как насчет Стива Джобса или Канье Уэста?

Иногда мы можем попытаться оправдать плохое поведение, рассматривая отклонения как примеры приемлемого поведения. Но никто не становится по-настоящему успешным, будучи эгоцентричным или отстраненным – даже если эти черты могут быть связаны с некоторыми известными людьми; появляются и другие черты, в том числе зависимость, жестокое обращение (как над самим собой, так и над другими), депрессия и мания. Исследования этих людей показывают, что они лучше всего работали, когда сопротивлялись импульсам, расстройствам и недостаткам; только будучи свободным от личного багажа, любой человек может достичь максимальной производительности.

В рамках нашего исследования мы рассмотрим таких людей, как Говард Хьюз, персидский царь Ксеркс, Джон Делориан и Александр Великий, которые потеряли связь с реальностью и показали, насколько опасным может быть эго. Мы изучим их дорогостоящие уроки – не в последнюю очередь через страдания и самоуничтожение – а также выясним, почему даже успешные люди часто колеблются между смирением и эгоизмом, создавая проблемы на своем пути.

Как только мы избавимся от эго, то, что останется реальным: смирение, хотя и непреклонное смирение и уверенность. В то время как эго может быть лишь временным и мимолетным, этот тип уверенности сохраняет вес с течением времени и приобретает большее значение. Эго можно только украсть, но и заработать; Доверие нужно заслужить.
Самопровозглашенные лидеры склонны излучать уверенность, в то время как преобладает искусственность; один приближается к вам, а другой зажигает газ; это то, что отличает сильное от ядовитого.

Как вы увидите на следующих страницах, эта уверенность в себе побудила скромного и недооцененного генерала стать главным воином и стратегом Америки во время Гражданской войны. Эго свергло другого генерала с его позиции власти и влияния после Первой мировой войны и ввергло его в нищету и позор. Другой взял тихую немецкую ученую и превратил ее не просто в еще одного лидера, а в борца за мир. Одна история повествует о двух исключительно талантливых и смелых инженерных умах двадцатого века и о том, как их карьеры процветали, прежде чем их постигла неудача, банкротство, скандал или безумие. Один из них в течение трех сезонов вывел одну из худших команд НФЛ на Суперкубок, а затем сформировал одну из величайших династий, когда-либо существовавших в футболе. Между тем, многочисленные тренеры, политики, предприниматели и писатели преодолели аналогичные трудности только для того, чтобы со временем откатиться назад и вернуть себе контроль.

Некоторые учатся смирению, а другие выбирают эго. Некоторые люди готовы как к положительному, так и к отрицательному исходу судьбы, а другие – нет. Каким будет ваш выбор и кем вы собираетесь стать?

Покупка этой книги предполагает, что вы верите, что ответ на этот вопрос со временем станет все более актуальным, сознательно или нет.

Итак, вот – приступим к делу!

# Глава 3: Стремитесь

В ASPIRE мы отправились в путешествие. Каждое великое путешествие начинается здесь, но многие так и не достигают намеченных пунктов назначения из-за проблем с эго: строят себя на фантастических историях о том, как великие дела будут развиваться, или верят, что знают все, только для того, чтобы увидеть, как все это терпит неудачу на наших глазах, и не понимая, почему; эти симптомы чрезмерно раздутого эго требуют смирения и реальности в качестве лекарства.

Говорят, что уважаемые хирурги обладают смелыми руками, оперируя самих себя; но те, кто снимает завесу самообмана, прикрывающую любые недостатки их поведения, столь же смело производят операции над собой.

--АДАМ СМИТ и КРИСТЕН СПЕЛМАН

В 374 г. до н. э. один из выдающихся учителей и риторов Афин Исократ написал открытое письмо неизвестному молодому человеку по имени Алкивиад.

Демоникус встретил Исократа после смерти его отца, поскольку Исократ был знаком с покойным отцом Демоникуса и хотел поделиться советом о том, как пойти по его стопам.

Исократ давал советы, начиная от практических и заканчивая моральными, и все они представляли собой благородные принципы, служившие заповедями на будущие годы.

Демоникус был амбициозен, как и большинство из нас; что побудило Исократа отговорить его от его амбиций, поскольку его путь может быть опасным. Он посоветовал Демоникусу не носить никаких украшений, кроме скромности, справедливости и самообладания, поскольку эти добродетели обеспечивают сдержанность в молодых персонажах. Рекомендуется пользоваться самообладанием, чтобы не поддаваться умеренным удовольствиям и болезненным ощущениям — Исократ советовал Демонику не столько льстецов, сколько обманщиков; оба нанесут вред тем, кто им доверяет».

Он посоветовал ему «быть дружелюбным в отношениях с теми, кто приближается, а не высокомерным; высокомерие может быть даже невыносимым для рабов». Кроме того, будьте медленными в обдумывании, но быстрыми в выполнении своих решений, поскольку здравый смысл — один из наших величайших ресурсов; всегда тренируйте свой интеллект; это действительно одно из величайших достояний человечества».

Некоторые советы Исократа могут показаться нам знакомыми. Более двух тысячелетий спустя оно вошло в сочинения Уильяма Шекспира как предостережение против чрезмерного эго. Шекспир даже использовал письмо Исократа в качестве вдохновения в «Гамлете», когда его персонаж Полоний произнес страстную речь перед Лаэртом, которая завершилась этим стихом из письма Исократа.
Любой ценой будьте верны себе.

И так же, как ночь следует за днем, должно действовать и наоборот.

Не обманывайте никого; не лги никому.

Мои наилучшие пожелания вам в этом сезоне!

Уильям Текумсе Шерман впоследствии стал одним из величайших генералов Америки и стратегических мыслителей, часто цитируя шекспировские тексты, такие как речь Исократа, во время своей военной службы в Америке. Хотя он, возможно, никогда не встречался с Исократом напрямую, его восхищение игрой Исократа произвело на него сильное впечатление, и он много раз цитировал именно этот отрывок из самого Исократа!

Как и у Демоникуса, отец Шермана умер, когда он был еще очень молод, оставив его уязвимым и уязвимым без взрослого, к которому можно было бы обратиться за советом и защитой. Томас Юинг, будущий сенатор США Томас Юинг взял на себя обязанности по уходу за Шерманом. Юинг усыновил и вырастил Шермана как часть своей семьи.

Что делает Шермана примечательным, так это его взлет: никто не мог предсказать ничего, кроме региональных достижений, не говоря уже о принятии таких радикальных мер, как отказ от президентства Соединенных Штатов. Шерман со временем неуклонно рос; в отличие от Наполеона, который появляется внезапно и так же быстро исчезает.

Шерман провел свои ранние годы, посещая Вест-Пойнт, а затем пошел в армию. За несколько лет службы Шерман объездил большую часть Америки верхом на лошади, чтобы получить знания на каждой должности, с которой он столкнулся. С началом гражданской войны Шерман быстро направился на восток, чтобы предложить свои услуги, и вскоре был отправлен в Булл-Ран, что стало позорным поражением Союза. Шерман воспользовался острой нехваткой руководства, чтобы получить звание бригадного генерала, и был вызван на встречи с президентом Линкольном и его главным военным советником.

Шерман свободно планировал и разрабатывал стратегию вместе с Линкольном во время своей поездки, но в ее завершении сделал необычную просьбу: он принял свое повышение только с гарантией Линкольна, что это не потребует принятия на себя командования над другими подразделениями - то, о чем просило большинство других генералов; Линкольн с готовностью согласился.

Шерман теперь чувствовал себя довольным, будучи вторым номером. Он ценил себя как личность и считал, что эта роль ему больше всего подходит. Представьте себе амбициозного человека, отказывающегося от возможности карьерного роста, потому что он чувствует себя неподготовленным. Это действительно кажется странным?
Шерман не всегда был воплощением сдержанности и порядка. В начале войны, когда ему поручили защищать Кентукки неадекватными войсками, его мания и склонность к сомнениям взрывоопасно соединились. Жаловавшись на нехватку снабжения и паранойю по поводу движений противника, Шерман нарушил форму и сделал неприличные комментарии нескольким газетным репортерам, что привело к временному отзыву из командования - ему потребовались недели отдыха, прежде чем он снова полностью восстановит свою форму. Это был один из многих почти катастрофических моментов на его успешной карьере.

Шерман оставил свой след после этого короткого спотыкания и, извлекая из этого урок, сильно отскочил. Например, во время осады форта Донельсон он занимал официальное высшее звание после генерала Улисса С. Гранта, но вместо того, чтобы отдавать приказы, решил вместо этого с радостью поддержать и подкрепить его, вместо того, чтобы самому отдавать приказы. Шерман отправил Гранту записку с припасами, сообщив, что это шоу его; позвоните мне по поводу любой помощи, которую я могу предложить; вместе они вместе одержали одну из первых побед Союза в войне.

Основываясь на своих прошлых успехах, Шерман выступил за свой ныне печально известный марш к морю — дерзкий план, основанный не на какой-то вспышке вдохновения, а, скорее, на точной топографии, которая когда-то казалась неуместной и бессмысленной в качестве аванпоста молодых офицеров, разведывающих и изучающих ее. в рамках своих обязанностей молодых офицеров.

Шерман когда-то был осторожен, теперь он был уверен. И в отличие от многих людей с большими амбициями, Шерман заслужил это уважение, тщательно планируя каждый шаг на своем пути из Чаттануги в Атланту, а затем из Атланты к морю, не вступая в битву за традиционным сражением. Любой изучающий военную историю может увидеть, что подобное вторжение, вызванное тщеславием, а не целью, скорее всего, имело бы совершенно другие результаты.

Он использовал свой реалистический взгляд, чтобы определить вариант через Юг, который другие считали невозможным. Его метод маневренной войны заключался в намеренном избегании лобовых атак или демонстрации силы путем организации генеральных сражений; и игнорирование любой критики, призванной вызвать реакцию; таким образом, придерживаясь курса и следуя своему плану, не обращая внимания на критику, призванную спровоцировать.

В конце Первой мировой войны Шерман стал одной из самых знаменитых фигур Америки, но у него не было амбиций баллотироваться на государственную должность или заниматься политикой; его единственным желанием было просто выполнять свою работу, а затем выйти на пенсию, когда его служба закончится. Отвергая последовавшие за ним похвалы и внимание, Шерман предупредил Гранта о таком будущем: «Будьте осторожны». Естественное и честное, ваше сияющее «Я» будет подобно морскому бризу в знойный летний день».

Один из биографов Шермана предоставил нам невероятный обзор о нем и его достижениях; таким образом, делая его нашей моделью на этом этапе нашего восхождения.

Можно выделить два типа людей, достигших известности и лидерства: те, кто рожден с верой в себя; и те, чья уверенность растет медленно благодаря реальным достижениям. Для мужчин последнего типа успех часто становится неожиданным подарком — его плоды тем более восхитительны. Однако в этом сохраняющемся сомнении кроется истинная скромность – не неискреннее самоуничижение, а «умеренность», на греческом языке – уравновешенность, а не поза.

Следует задать себе вопрос: если моя вера в себя не опирается на реальные достижения, то какова ее основа? К сожалению, в начале пути ответом может быть ничего или наше эго. И это объясняет, почему часто за резкими взлетами следует резкое падение.

Итак, каким человеком вы хотите быть?

Как и всем нам, Шерману приходилось балансировать между талантом, амбициями и энергией, пока он вел жизнь в юности. Его успех в управлении этими аспектами во многом способствовал его последующему судьбоносному успеху.

Хотя все это может показаться запутанным, все это не должно вызывать удивления: хотя Исократ и Шекспир хотели, чтобы мы были самостоятельными, целеустремленными личностями, управляемыми принципами, многие из нас были обучены иначе. Наши культурные ценности часто поощряют зависимость от подтверждения прав; родители потратили поколения на повышение самооценки, в то время как общественные деятели сосредоточены на том, чтобы вдохновлять, ободрять и убеждать нас, что мы можем сделать все, что захотим.

На самом деле это делает нас уязвимыми. Да, даже ты, со всем своим талантом и многообещающим мальчиком-чудо или девочкой-путешественницей; мы считаем само собой разумеющимся, что у вас есть обещания; именно поэтому вы получили престижный университет, в котором сейчас учитесь, обеспечили финансирование для своего бизнеса, были наняты или продвинуты по службе и получаете все возможности, которые встречаются на вашем пути - как сказал Ирвинг Берлин: «Талант - это только отправная точка. Теперь вопрос заключается в том, как использовать его эффективно».
Сможете ли вы извлечь из этого максимум пользы или станете своим злейшим врагом?

Ты потушишь пламя, которое только что загорелось?

Мы видим в Шермане человека заземленного и связанного с реальностью. Он пришел из ничего и совершил великие дела, не чувствуя, что имеет на это какое-либо право; скорее, он регулярно подчинялся другим и был более чем доволен своим вкладом в победу команды-победителя, даже если это означало меньше славы или известности для него самого. К сожалению, поколения молодых мальчиков узнали только о впечатляющей кавалерийской атаке Пикетта, в то время как Шерман, как непривлекательная реалистическая модель, забыт или, что еще хуже, атакован как кто-то менее достойный.

Можно возразить, что способность объективно оценивать свои способности имеет первостепенное значение; без этого улучшение было бы невозможно, и наше эго на каждом шагу усложняет эту задачу. Хотя вместо этого может быть утешительно и приятно сосредоточиться на своих талантах и сильных сторонах, это только задерживает рост, подпитывая высокомерие, эгоцентризм, фантазии или «видение».

На этом этапе важно практиковать смотреть на себя с объективной позиции, культивируя непривязанность как противоядие от эго. Эмоционально привязаться к своей работе легко – это под силу любому нарциссу; великий труд отличает смирение, трудолюбие и самосознание.

Ваша работа должна отражать истину, чтобы иметь какое-либо значение или быть долговечной; поэтому, чтобы стать чем-то большим, чем просто краткосрочной тенденцией, будьте готовы к долгосрочным обязательствам.

Мы обнаружим, что, хотя наши цели могут быть высокими, для их реализации мы должны действовать и жить меньше. Отдавая приоритет образованию над подтверждением и статусом, наши амбиции будут не грандиозными, а итеративными – шаг за шагом, а рост будет происходить с затраченным временем.

Наши конкуренты с их агрессией, напористостью, эгоцентризмом и постоянной саморекламой часто не осознают, что ставят под угрозу свои собственные усилия (не говоря уже о своем психическом благополучии), занимаясь агрессивным поведением, которое подрывает их обоих как личностей. а также коллективные усилия. Мы бросим вызов обоим мифам: самоуверенному гению, лишенному сомнений и самоанализа, и мифу о страдающих художниках, жертвующих здоровьем ради работы; где эти двое могут казаться оторванными от реальности, будучи изолированными от окружающих их людей - будучи глубоко связанными, осознавая и учась у всего вокруг нас!

Черчилль мудро предположил, что факты важнее мечтаний.

Хотя мы разделяем со многими видение величия, наши пути к нему сильно отличаются от путей других. Следуя за Шерманом и Исократом на нашем пути к величию, мы понимаем, что эго только ухудшит ситуацию; Вместо этого успех должен укреплять нас, а не ослаблять.

# Глава 4: Разговор, разговор, разговор

Те, кто знает, не говорят.

Тот, кто говорит, не обязательно обладает всей соответствующей информацией.

--ЛАО-ЦЗУ

Эптон Синклер предпринял нетрадиционный шаг во время своей знаменитой кампании 1934 года на пост губернатора Калифорнии: опубликовал в своей предвыборной литературе короткую книгу под названием «Я, губернатор Калифорнии и как я покончил с бедностью», в которой подробно описывалась вся политика, проводимая в качестве губернатора до того, как он фактически выиграл эту кампанию. офис!

Синклер использовал этот нетрадиционный ход своей нетрадиционной кампании, чтобы воспользоваться ключевым преимуществом Синклера как автора: его способностью общаться с избирателями более напрямую, чем это могли бы делать другие политики. Хотя его кампания всегда была долгосрочной и едва жизнеспособной, когда была опубликована эта книга, наблюдатели сразу же увидели ее эффект – не на избирателей, а на самого Синклера! Кэри Маквильямс позже написал о неудачной заявке Синклера на пост губернатора: «Аптон, казалось, был разочарован предвыборной кампанией, поскольку его яркое воображение уже сыграло свою роль губернатора« Я, губернатор Калифорнии »… так зачем беспокоиться?»

Синклер был выдающимся писателем; однако его кампания с треском провалилась. Проиграв более чем 10 процентных пунктов (против него было отдано более 250 000 голосов), Синклер потерпел полное поражение на выборах, которые вполне могли стать первыми современными выборами. То, что произошло, совершенно ясно: Синклер слишком рано высказался о своих действиях во время избирательных кампаний, и их решимость пошатнулась после того, как они стали непропорционально затмеваться общественным мнением; его книга получила статус бестселлера, а предвыборная кампания вскоре стала слишком далеко впереди, и избиратели не могли понять, что они имеют в виду; многие политики также пишут книги как таковые, чтобы поддерживать свой общественный имидж в актуальном состоянии; это происходит достаточно регулярно.

Каждый человек сталкивается с искушениями, которые тормозят прогресс: разговоры и шумиха могут заменить предпринимаемые действия. Facebook спрашивает пользователей: «Что вы думаете сегодня? Напишите сообщение прямо сейчас!».

Twitter предлагает нам возможность присоединиться к обсуждению: Tumblr, LinkedIn и разделы комментариев к статьям, которые вы только что прочитали, предлагают нам новые твиты.
Пустое пространство так и просится заполнить его мыслями, фотографиями и историями о том, что мы планируем делать дальше, а также о наших надеждах и пожеланиях относительно того, что нас ждет впереди. Технологии задают вам вопросы, подталкивают вас и инициируют диалог.

Почти всегда наши результаты в социальных сетях имеют тенденцию быть положительными; скорее всего, мы даем оптимистичный отчет о нашей ситуации и о том, насколько хорошо идут дела для нас и других. К сожалению, это редко отражает реальность - иногда им говорят, что им нужна помощь или они тоже борются, все вещи, которые нужно решить, или просто откладывают в сторону до другого момента, когда появятся более насущные вопросы, такие как финансы, которыми нужно заняться.

В начале любого путешествия мы склонны чувствовать одновременно волнение и нервозность; поэтому мы ищем внешний комфорт вместо того, чтобы искать внутри. У каждого человека есть бессознательная сторона, которая, как и профсоюз, не обязательно может быть злонамеренной, но все же ищет как можно большего общественного признания и внимания при выполнении как можно меньше работы - эту сторону мы называем их «эго».

Эмили Гулд – настоящая Ханна Хорват! – осознала это во время двухлетней борьбы за публикацию романа. Хотя она получила предложение о контракте с шестизначной суммой, она оказалась в затруднительном положении, потому что проводила слишком много времени в Интернете.

2010 год в основном был потрачен на то, чтобы писать в Твиттере и пролистывать страницы – то, что не приносило денег, но ощущалось как работа; мои привычки можно было оправдать только различными оправданиями, такими как создание моего бренда или ведение блога (даже «курирование» чужого поста считалось творческой деятельностью!). Ведение блога также было моим единственным выходом для творчества!

Проще говоря, она делала то, что делают многие из нас, столкнувшись с трудными проектами: она пробовала все, кроме того, чтобы сосредоточиться на том, что было под рукой. На целый год. Настоящий роман, который нужно было написать, томился незавершенным.

Как она сокрушалась, ей было легче говорить о писательстве, чем совершить сам поступок. И она была не единственной: кто-то недавно опубликовал книгу под названием «Работа над моим романом», в которой были опубликованы посты в социальных сетях авторов, которые явно не работают над своими романами.

Писать может быть сложно; как и многие другие творческие действия, он часто оставляет нас разочарованными и злыми на самих себя и на то, что кажется незаконченным или неадекватным материалом. Многие стоящие начинания, которые мы предпринимаем, требуют терпения и усердия — от открытия нового бизнеса до освоения конкретных ремесел — но говорить легко и всегда кажется стоящим.

Наше общество, похоже, считает молчание признаком слабости, что игнорирование равносильно смерти нашего эго, поэтому мы постоянно говорим и говорим так, как будто молчание — это что-то плохое или неприемлемое. Поэтому вместо этого мы говорим безостановочно, как будто молчание означает проявление слабости, а игнорирование означает смерть (что часто оказывается правдой для отдельных людей). Поэтому мы участвуем в бесконечных дискуссиях, как будто молчание показывает слабость или считается слабым обществом в целом.

Как предупреждал Кьеркегор в одной из своих философских работ (и, по иронии судьбы, той, которую он категорически не любил: газеты и их болтовня), простые сплетни приводят к настоящей дискуссии, в то время как высказывание вслух того, что остается невысказанным, мешает предпринятию действий и еще больше их ослабляет.

Разговор может быть коварно соблазнительным: любой, включая детей, может высказать свое мнение; большинство людей владеют тактикой ажиотажа и продаж; что необычно, но еще более редко - это молчание: возможность намеренно оставаться в стороне от разговора, существуя без его подтверждения; молчание может принести облегчение, доступное только уверенным и сильным людям.

Шерман практиковал то, что проповедовал: никогда не объясняйте свои мысли или действия до тех пор, пока это не станет абсолютно необходимым; Со временем вы, возможно, найдете лучшие объяснения». Легенда бейсбола и футбола Бо Джексон поставил перед собой две цели, будучи спортсменом из Оберна, которого он хотел достичь: выиграть трофей Хейсмана и занять первое место в общем зачете на драфте НФЛ. Кому он рассказал об этом? Только своей девушке.

Стратегическая гибкость – не единственное преимущество, которое можно получить, храня молчание, когда другие говорят. Психология также играет важную роль, что ясно понимал Гесиод, когда утверждал: «Величайшее сокровище человека – это экономный язык».

Разговоры истощают нас. Разговоры и действия конкурируют за ограниченные ресурсы. Исследования показывают, что, хотя визуализация цели может быть полезной, со временем наш разум начинает принимать ее за реальный прогресс. Также было показано, что вербализация сложных проблем значительно снижает понимание и прорывы; потратив так много времени на обдумывание, объяснение и обсуждение задачи, мы можем почувствовать, что добились некоторого прогресса; когда ситуация становится сложной, мы чувствуем, что не приложили все усилия, хотя на самом деле мы до сих пор этого не сделали!

Чем дальше мы отходим от реальной ответственности, тем более сложные задачи, более неопределенные результаты и более дорогостоящие разговоры будут становиться все дальше. Разговоры лишили нас энергии, необходимой для преодоления того, что Стивен Прессфилд называет «сопротивлением», или барьером, стоящим на пути нашего творческого самовыражения. Успех требует от нас 100% усилий, но разговоры могут частично его разрушить, прежде чем мы сможем осознать его полную ценность.

Многие из нас поддаются искушению, когда чувствуем себя подавленными, напряженными или когда у нас слишком много работы. Сопротивление, скорее всего, станет постоянным источником трудностей на этапе строительства; обсуждение проблем может помочь.
Говорить вслух и выступать перед публикой – даже если мы думаем, что нам не нужна терапия – почти терапевтично. Я четыре часа о чём-то говорил; это ничего не значит? Неа.

Подумайте вот о чем: голос поколения так себя не называет; однако, если вы присмотритесь поближе, вы поймете, насколько мало эти голоса говорят в какой-либо одной области - будь то музыка, речи или книги - и тем не менее, их впечатляющие послания в изобилии доставляются через такие средства.

Они тихо работают в углу, направляя внутреннее смятение в продукт — и, в конечном итоге, в тишину. Они сопротивляются любым побуждениям искать признания, прежде чем действовать; или чувствовать, что другие, находящиеся на публике и пользующиеся большим вниманием, заключают несправедливую сделку (а это не так). Когда они говорят, это заработано.

Работа и разговор не смешиваются; одно всегда будет затмевать другое. Позвольте окружающим обсуждать друг друга, пока вы возвращаетесь в лабораторию или офис.

Неважно, занимаетесь ли вы в спортзале или гуляете по тротуару. Заткните эту дыру – ту, что прямо посередине вашего лица, которая может истощить жизненную энергию – и наблюдайте, что произойдет и насколько лучше станет для вас самих.

# Глава 5: Должны ли мы БЫТЬ или делать?

В младенчестве душа остается чистой и свободной от конфликтов с окружающей средой. Подобно куску необработанного парийского мрамора, ожидающему трансформации, его потенциал лежит нетронутым и готовым к превращению во что?

--ОРИОН СВЕТТ МАРДЕН Один из самых влиятельных стратегов и практиков современной войны когда-то был неизвестным: Джон Бойд.

Он был не только превосходным летчиком-истребителем, но также исключительным учителем и мыслителем. После полета в Корею он присоединился к элитной школе истребительного вооружения базы ВВС Неллис в качестве ее главного инструктора, получив прозвище «Сорок второй Бойд», что означает, что он мог победить любого противника из любой позиции в течение 40 секунд после возникновения любого конфликта. Позже его тайно вызвали на работу в Пентагон, где и началась его настоящая работа.

Джон Бойд, возможно, неизвестен большинству, что неудивительно, учитывая, что он никогда не публиковал ни одной книги и только одну научную статью; сохранилось лишь несколько видеороликов, которые редко цитировались в статьях СМИ; даже после почти тридцати лет безупречной службы он не был повышен в звании выше полковника.

С другой стороны, его теории произвели революцию в маневренной войне почти во всех видах вооруженных сил как при его жизни, так и намного позже. Его любимые проекты включали модернизацию современных военных самолетов с помощью истребителей F-15 и F-16; эти самолеты стали культовыми военными машинами. Его основное влияние оказало то, что он был советником; посредством легендарных брифингов он обучал и инструктировал почти каждого крупного военного мыслителя того или иного поколения. Его вклад в операцию «Щит пустыни» пришел через прямые встречи с министром обороны, а не через официальные политические каналы; перемены были созданы благодаря ученикам, которых он наставлял, защищал, учил или вдохновлял.

Он ушел в отставку, не ожидая, чтобы о нем кто-нибудь вспомнил; оставив в наследство лишь скромную квартиру и пенсию. Вероятно, в какой-то момент существовало больше врагов, чем союзников. Возможно, этот неожиданный

путь был выбран намеренно? Что, если это необычное путешествие действительно помогло укрепить его личную силу?
Насколько это было бы безумием?

Бойд просто воплощал в жизнь то, чему он учил каждого многообещающего молодого студента под своим крылом, который подавал надежды: если они хотели достичь чего-то особенного или необычного. Несомненно, у этих восходящих звезд много общего с нами сегодня.

Бойд совершенно ясно дал это понять, когда произнес речь перед одним из своих протеже в 1973 году. Осознав решающий поворотный момент в их жизни, он позвал их на встречу – как и многие успешные люди, молодой офицер был неуверенным в себе и впечатлительным – желая повышения по службе. в то же время стремясь делать свою работу как можно лучше; Бойд осознал эту потенциальную уязвимость своего протеже и, таким образом, произнес то, что стало традицией, - произнес речь, которая стала обрядом посвящения для поколений военачальников.

«Тайгер, однажды ты окажешься на развилке дорог, — предупредил его Бойд, — и ты должен решить, в каком направлении ты хочешь двигаться. Затем Бойд продемонстрировал, используя руки, указывая на два варианта выбора, и показывая Тайгеру различия. они предпочитают один вариант другому, и они могут стать чем-то большим, если выберут этот путь». «Вместо этого попробуйте пойти этим путем — этот путь может открыть больше возможностей!» — с акцентом предложил он. «Чтобы стать частью этого клуба, получить повышение по службе и получить хорошие задания, необходимо идти на компромиссы и, возможно, придется избавиться от друзей», - объяснил Бойд, прежде чем сделать паузу, чтобы наметить альтернативный путь вперед. «В качестве альтернативы, — предложил он, — вы могли бы выбрать другой путь и предпринять действия, которые имеют значение — что-то для вашей страны, ВВС и для вас самих. Делая что-то конструктивное, вместо того, чтобы сидеть сложа руки в ожидании повышения по службе или получения выгодных поручений от начальства, ваш усилия могут не быть замечены так быстро, но они могут иметь значение как для вас, так и для других. Жизнь часто ставит вас перед выбором: выбирайте между тем, чтобы быть кем-то, или внести значительный вклад в свою работу».

Бойд завершил свою речь мудрыми словами, которые будут направлять этого молодого человека и многих его сверстников на протяжении всей жизни: «Быть или делать? Какой путь вы выберете?»

Реальность вскоре вторгается в наши юношеские идеалистические ожидания в жизни, будь то в форме стимулов, обязательств, признания и политики – все они могут быстро переключить наше внимание с действия на существование. От заработка до притворства, когда наше эго подпитывает этот обман на каждом этапе пути. Вот почему Бойд хотел, чтобы молодые люди поняли: если мы не будем осторожны, мы рискуем быть поглощенными этими реалиями, которые угрожают изменить наши усилия по поиску целей и полностью их скомпрометировать.

Как профессионалы в любой профессии, нам может быть очень легко развратиться из-за того, что должно быть нашей основной обязанностью - служением.

Как можно избежать схода с рельсов? К сожалению, мы часто влюбляемся в образ успеха, который легко может пустить нас под откос - в мире Бойда это может означать, что количество звезд на вашем плече можно спутать с реальными достижениями. В других случаях это может быть что-то вроде вашей должности или бизнес-школы, которую вы посещали, как индикатора реальных достижений; другие люди могут рассматривать полученные гранты, доступ, предоставленный генеральному директору, или даже просто количество поклонников в качестве показателей.

Внешность обманчива; иметь авторитет не значит быть им на самом деле; наличие прав не гарантирует правоту; повышение по службе не означает, что вы выполняете качественную работу; вместо этого в некоторых бюрократических системах это можно было бы просто считать провалом вверх; произвести впечатление на людей – это совсем не то же самое, что по-настоящему поразить их.

С кем вы поддерживаете и какую сторону поддержите? Жизнь предлагает нам множество вариантов выбора, и это решение необходимо принять.

Бойд проводил еще одно упражнение, посещая группы офицеров ВВС или разговаривая с ними: он писал на доске большими буквами слова «Долг», «Честь» и «Страна», а затем переписывал их и заменял тремя другими: «Гордость», «Власть» и «Жадность» в качестве иллюстрации. что многие системы и структуры в вооруженных силах, которыми руководствуются солдаты, могут исказить те самые ценности, которые они намереваются поддерживать. Историк Уилл Дюрант однажды пошутил, что нации имеют тенденцию «рождаться стоиками и умирать эпикурейцами», что Бойд так наглядно проиллюстрировал, записав, что было изначально положительные добродетели со временем становятся плохими.

Разве мы не были свидетелями того, как это происходит неоднократно в нашей жизни – в спорте, отношениях, проектах или людях, которые нам глубоко небезразличны? Вот как действует эго: умаляя то, что действительно важно, в пользу того, что не имеет значения.

Люди хотят изменить мир, и это достойно восхищения. Вы должны стремиться стать лучшим в своем деле; никто не хочет быть просто наполнителем. Но какое из трёх слов Бойда, написанных на доске, поможет вам достичь цели? Что вы практикуете сейчас и что вас подпитывает?

Бойд предлагает нам принять важное решение. Цель может дать понимание ответа на вопрос: «Быть или делать?» легко. Если главное — это вы — ваша репутация, вовлеченность, личное спокойствие — должно быть очевидно, что говорить людям то, что они хотят услышать, привлекать внимание к тихой, но важной работе и соглашаться на продвижение по службе — необходимые средства для успешных людей в обществе для продвижения себя. и дальнейший прогресс в карьере – это путь вперед.
Платите взносы, выполняйте задачи и посвящайте свое время, но оставляйте все как есть. Достигайте славы, зарплаты и титулов по мере их возникновения — наслаждайтесь ими, когда они появятся!

Фредерик Дуглас однажды заметил: «На человека влияет то, над чем он работает», и это он знал не понаслышке, будучи бывшим рабом. Однако, оказавшись на свободе, он увидел, как выбор, сделанный людьми в отношении карьеры и жизни, имел для них одинаковые результаты - как выбор, основанный на времени, так и выбор, обусловленный финансами, оказал на них свое влияние - включая компромиссы, сделанные на эгоцентрическом пути; что потребовало многих уступок со стороны самого Бойда.

Когда ваша цель больше, чем вы сами — достичь чего-то или доказать что-то — все становится одновременно и проще, и сложнее. Легче, потому что теперь вы точно знаете, что нужно сделать и какие действия для вас важны; другие «выборы» больше не кажутся отвлекающими факторами; делать больше, чем признание; отсутствие необходимости компромиссов; каждая возможность должна оцениваться в соответствии с конкретными принципами, например: помогает ли это мне в достижении того, чего я намереваюсь достичь; может ли это позволить мне выполнить то, что необходимо сделать; Бываю ли я самоотверженным или эгоистичным, когда делаю такие оценки?

В этом курсе рассматривается не просто то, кем стать, а скорее «Чего я стремлюсь достичь в жизни?», оставляя в стороне индивидуалистические желания и вопросы, такие как: «Какой цели я служу своим выбором; хочу ли я соответствовать или выделиться; Ищу ли я подлинный опыт или что-то совершенно уникальное?

Другими словами, может быть трудно сделать выбор, потому что все может показаться компромиссом. Никогда не поздно заняться этими вопросами на ранней стадии, но чем раньше, тем лучше.

Бойд, несомненно, был величайшим влиятельным человеком и новатором со времен Сунь-Цзы и фон Клаузевица, которые изменили и расширили свою сферу деятельности. Он стал известен как Чингисхан Джон за то, что никогда не позволял препятствиям или противникам мешать ему выполнять то, что необходимо было сделать, несмотря на любое противодействие или сопротивление - хотя и не без затрат; а также стал известен как полковник гетто из-за своего бережливого образа жизни; после своей смерти он оставил тысячи необналиченных чеков от частных подрядчиков, которые, по его мнению, представляли собой взятки. К сожалению, несмотря на эту впечатляющую работу, история забыла о нем в наказание за содеянное и его вклад.

Примите это во внимание в следующий раз, когда почувствуете, что имеете на это право, когда ваша слава и американская мечта кажутся неразрывно связанными друг с другом, и подумайте, как великий человек мог бы относиться к вам.
Когда вам предстоит принять какое-либо решение, задумайтесь над этими вопросами: действительно ли мне это нужно или это касается только моего эго? Принял ли я наилучшее решение или призы все еще манят издалека?

# Глава 6: Стать студентом

Не позволяйте чьему-либо духу сказать вам, что мое обучение не помогло.

Войти в Академию подготовки пожарных департаментов Нью-Йорка

Один апрельский день начала 1980-х годов стал кошмаром для одного гитариста и работой мечты для другого: участники андеграундной метал-группы Metallica внезапно собрались перед запланированной сессией записи на ветхом складе в Нью-Йорке и сообщили Дэйву Мастейну, что его выгнали, вручив ему свою проездной на автобус без дальнейших объяснений.

Обратные билеты из Сан-Франциско.

В тот же день на эту должность был выбран Кирк Хэммет из группы Exodus. Не имея времени на адаптацию и планирование, его дебют в составе Metal Church состоялся всего через несколько дней!

Можно было легко предположить, что это был момент, которого Хэммет ждал всю свою жизнь, и это действительно так. В то время Metallica были известны лишь в узких кругах, но уже начали расширять границы трэш-метала своими новаторскими песнями; их фанатская база начала расти в геометрической прогрессии всего за несколько лет; в конечном итоге было продано более 100 миллионов альбомов по всему миру!

Примерно в это же время Кирк испытал, должно быть, глубокое откровение: годы его игры были не совсем на должном уровне, несмотря на то, что его попросили присоединиться к Metallica и предложили членство. Поэтому, когда он вернулся домой в Сан-Франциско, он начал искать учителя игры на гитаре; другими словами, несмотря на то, что он присоединился к группе своей мечты и стал профессионалом; Кирк настаивал, что ему все еще нужны дальнейшие инструкции, несмотря на то, что он стал частью Metallica. Интересно, что он искал человека, известного своей работой с такими музыкальными вундеркиндами, как Стив Вай.

Джо Сатриани был выбран Хэмметом своим преподавателем, и впоследствии он стал одним из величайших гитаристов всех времен и продал более 10 миллионов пластинок со своей уникальной музыкой. Преподавал в небольшой музыкальной школе.

Необычный стиль игры Сатриани сделал его маловероятным выбором для Хэммета; Однако в этом-то и заключалась суть: Кирку нужно было узнать то, чего он не знал, чтобы достичь своей цели — изучить этот новый жанр музыки, которым он теперь имел возможность заниматься.

Сатриани ясно дает понять, чего не хватало Хэммету – это не талант. «Кирк уже был исключительным гитаристом, когда приехал. Он знал большую часть своих аккордов и умел играть, когда приехал; к сожалению, он просто так и не выучил имена и связи».

Сатриани объяснил, что Хэммет выделялся среди своих сверстников благодаря своей готовности терпеть более жесткие уроки, которые он не принял бы от других учителей: «Он был исключительным учеником - многие из его сверстников ушли бы, разгневанные тем, что я был таким интенсивным преподавателем!

Система Сатриани была простой: еженедельные уроки нужно было усвоить, и если Хэммет не принесет пользы, ей следует отказаться от них и не возвращаться. Кирк следовал требованиям Сатриани в течение двух лет, возвращаясь каждую неделю для получения отзывов, оценок и практики на инструменте, на котором он вскоре будет играть перед тысячами, затем десятками тысяч и, в конечном итоге, сотнями тысяч людей. После того, как его двухлетний период обучения подошел к концу, он представил Сатриани любые новые фразы и риффы, над которыми он работал с группой, и научился уменьшать свой инстинкт для большего, делать больше с меньшим количеством нот и больше концентрироваться на чувствовать эти ноты, прежде чем выражать их соответствующим образом - всегда совершенствуясь как артист и как исполнитель в равной мере. Каждый раз, когда это происходило, он добивался значительных успехов как игрок, так и художник.

Быть студентом – это не просто получать инструкции; это также отдает свое эго и амбиции в чьи-то руки. Наложен потолок эго: человек понимает, что он не может перекричать или перехитрить тех, у кого он является учеником; вы подчиняетесь им, подчиняетесь им, никакой обман не приемлем, поскольку образование нельзя «взломать», нет коротких путей; иначе они тебя бросят.

Нам, людям, не нравится, когда нам напоминают, что кто-то лучше нас или что нам еще многому нужно научиться. Мы хотим, чтобы наша работа была полной, а наша жизнь – переполненной. Поскольку это может быть сложно принять, обновление вашей оценки талантов в сторону понижения часто

рассматривается как часть мастерства; однако притворство в знании остается нашей самой большой угрозой.
Гнев может быть опасным пороком и мешает нам совершенствоваться. Самооценка может стать решающим противоядием.

Примечательно, что Хэммет стал одним из величайших металлических гитаристов всех времен и превратил трэш-метал из андеграундного движения в признанный во всем мире жанр. Кроме того, уроки Сатриани помогли ему отточить собственную технику и самому стать еще лучше; оба продолжали заполнять стадионы, производя революцию в музыкальном мире.

Фрэнк Шемрок, пионер и многократный чемпион смешанных единоборств, использует подход, известный как «плюс, минус и равно». По его словам, для того, чтобы любой боец стал великим, ему нужен кто-то превосходящий, у которого он мог бы учиться; кто-то меньший, кто может помочь их научить; и равного соперника, с которым они могут соревноваться и проверять себя.

Формула успеха Shamrock проста: получать реальную, постоянную обратную связь о том, что они знают и чего не знают, со всех сторон. При этом цель проста: избавиться от любого эгоизма, страха или лени, которые могут помешать нашему обучению, а также от любой лени, которая может заставить нас хотеть плыть по инерции, не делая шагов к совершенствованию. Как заметил Шемрок: ложные представления о себе разрушают нас; оставаться скромным – вот в чем суть боевых искусств: просто ставьте себя ниже того, кому вы доверяете». мы держимся о себе.

Академический склад ума не ограничивается боями или музыкой; ученым, философам и философам-философам, таким как Сократ, всем нужен студенческий образ мышления, чтобы знать как основные научные принципы, так и новейшие разработки, происходящие на переднем крае. Писатели должны знать каноны, одновременно бросая вызов современным писателям. Историкам необходимы всесторонние знания древней и современной истории, а также области своей специализации; профессиональные спортсмены часто нанимают тренеров, а влиятельные политики используют советников или наставников.

Почему? Чтобы стать и оставаться великими, людям необходимо всестороннее знание того, что было до них, что происходит сейчас и что ждет впереди. Они должны усвоить основные элементы своей области, не застаиваясь со временем, а всегда стремясь учиться. Все люди должны стать сами себе учителями, наставниками и критиками.

Представьте себе, что мог бы сделать Хэммет; или что мы можем сделать, если вдруг окажемся рок-звездами в какой-либо области. У каждого из нас есть искушение: «Я сделал это! Я прибыл!»
Они остановили свой выбор на мне, потому что другой парень не был таким способным. Если бы вместо меня они выбрали кого-то другого, группа, возможно, никогда бы не добилась успеха; уже столько забытых метал-групп 80-х!

Эффективный ученик действует как губка: впитывает все, что его окружает, и фильтрует его по мере необходимости, прежде чем цепляться за все, что может ухватить. Настоящий ученик самокритичен и самомотивирован, всегда старается улучшить свое понимание, чтобы легче переходить к новым темам и решению задач. Настоящий ученик также служит самому себе учителем и критиком, не допуская места гордому эгоизму ни в одной из ролей.

Рассмотрим снова борьбу как пример, где самосознание особенно важно; противники постоянно пытаются сопоставить силу со слабостью. Без ежедневного обучения и практики, постоянного поиска областей для совершенствования, выявления собственных недостатков и заимствования техник у сверстников и противников боец быстро сломается и потерпит поражение.

Неужели мы так сильно отличаемся друг от друга? Конечно нет – разве мы все не боремся за или против чего-то? Думаете, вы одиноки в стремлении достичь своей цели? Конечно, нет – не могу поверить, что вы тянетесь к этому медному кольцу в одиночку!

Людей часто удивляет, насколько скромными кажутся великие люди. Люди могут спросить, почему эти люди не были агрессивными и не имели права; разве они не осознают своего величия и предназначения? Что ж, реальность такова, что, хотя эти честолюбивые великие люди были уверены в себе, постоянное обучение помогало им оставаться в реальности и быть скромными.

Эпиктет говорит, что невозможно изучить то, чем мы уже обладаем. задавать вопросы, а не гордиться самоуверенностью и думать, что вы уже все знаете!Эпиктет советует нам не думать, что мы знаем все о чем-то, прежде чем приступить к его дальнейшему изучению.

Жизнь требует от нас способности воспринимать обратную связь во всех ее формах, особенно резкую и критическую. Мы должны не только принимать резкую обратную связь, но и активно добиваться ее; ищите негативные комментарии, даже когда наши друзья, семья и мозг говорят нам, что у нас все отлично. Но эго будет сопротивляться такому совету на каждом шагу: оно уже думает, что знает нас изнутри; думая, что мы выдающиеся, совершенные гении с непревзойденными инновационными способностями, которые предпочитают собственную оценку реальности.

Эго может помешать правильному вынашиванию идей; Чтобы стать тем, кем мы в конечном итоге надеемся стать, часто требуются годы борьбы с конкретными темами или парадоксами. Смирение помогает нам оставаться на земле, стремясь к росту.
Эго настаивает на том, что мы знаем недостаточно и должны продолжать учиться, в то время как чувство собственного достоинства рассматривает терпение как слабость и думает, что у нас есть все необходимое, чтобы дать нашим талантам достойный шанс в мире.

Когда мы проверяем свою работу, готовимся к первой презентации в лифте, открываем первый магазин или встречаемся с аудиторией на генеральной репетиции, наше эго может стать нашим врагом, предлагая нам ложную обратную связь, которая отрывается от реальности и служит только для защиты, когда нужный. Оно удерживает нас от роста, говоря нам не совершенствоваться; затем, когда результаты не достигают ожидаемых или успех кажется более мимолетным, мы задаемся вопросом, почему другие кажутся лучше и почему их успех длится дольше, чем наш собственный.

Сейчас, как никогда прежде, книги и курсы стали более доступными, а доступ к учителям никогда не был проще благодаря технологиям. Нет оправдания тому, чтобы не получить образование, и богатство информации, которой мы обладаем, делает это путешествие бесконечным.

Учителя в жизни - это не просто те, кому мы платим напрямую, как Хэммет платил Сатриани, и не обязательно часть какого-то тренировочного додзё, такого как додзё Шемрока. Многие из лучших учителей являются бесплатными — волонтеры, которые когда-то, будучи молодыми людьми, разделяли ваши цели, как и вы сейчас; многие могут даже не осознавать, что преподают; они могут просто служить примером или историческими личностями, которые продолжают преподавать уроки через книги и эссе, которые мы читаем сегодня; к сожалению, наше эго иногда может сделать нас настолько враждебными по отношению к критике, что обратная связь либо отталкивает, либо делает этих учителей вне нашей досягаемости.

Вот почему старая пословица гласит: «Когда ученик готов, появляется учитель».

# Глава 7: Не волнуйтесь

Многие молодые люди, кажется, жаждут этого «vivida vis animi», побуждения и волнения, которые побуждают многих молодых людей доставлять удовольствие и преуспевать в любой области, в которой они могут найти себя. Без стремления стать великим (а это может занять годы и слезы) вы, скорее всего, никогда не станете знаменитым.

Страсть — вот и все! Откройте для себя свою, проживите ее в полной мере и вдохновите ею мир.

Люди стекаются на Burning Man в поисках страсти. Другие посещают TED, SXSW и многочисленные другие мероприятия и ретриты, которые пропагандируют его как движущую силу жизни.

И вот кое-что, о чем те же самые люди, возможно, не сказали вам: ваша страсть может удерживать вас от власти, влияния или достижений. Слишком часто мы изо всех сил стараемся, но в конечном итоге терпим неудачу из-за того, что страсть является важным фактором в нашей жизни.

На заре политической карьеры Элеоноры Рузвельт кто-то заметил ее «страстный интерес» к социальному законодательству. Хотя этот комментарий был воспринят как комплимент, ответ Элеоноры был красноречивым: она поддержала его, но не считала, что слово «страстный» применимо к ней.

Рузвельт, родившийся в период окончательного расцвета тихих викторианских добродетелей, был выше страстей. Ее направление и цель в жизни определялись не эмоциями, а логикой.

Джордж Буш, Дик Чейни и Дональд Рамсфельд с энтузиазмом относились к Ираку; Кристофер МакКэндлесс тоже был полон решимости отправиться «в дикую природу». У Роберта Фалькона Скотта были схожие мотивы при исследовании Антарктиды; Многие альпинисты, участвовавшие в трагедии на Эвересте в 1996 году, на короткое время страдали от «полюсной мании». Тем временем изобретатель и инвесторы Segway верили, что изобрели что-то революционное, изменившее жизни; поэтому направляют все свои ресурсы на распространение информации об этой революционной инновации.
Конечно, все эти талантливые и умные люди были страстно преданы своему делу; но очевидно, что они также были неподготовлены и неспособны понять возражения и реальные опасения, высказываемые всеми вокруг.

Эти же концепции применимы к многочисленным предпринимателям, авторам, шеф-поварам, владельцам бизнеса, политикам и дизайнерам, о которых вы никогда не слышали и никогда больше не услышите из-за самоуничтожения своих попыток покинуть порт. Как и у каждого дилетанта, у них была страсть, но не хватало чего-то еще.

Чтобы внести ясность: я не говорю об уходе. Я говорю здесь о страсти другого рода: о безудержном энтузиазме, о нашей готовности изо всех сил атаковать все, что встречается на нашем пути; наш энергетический комплекс, который, по словам учителей и гуру, является нашим самым ценным активом; жгучее, неутолимое желание начать или достичь какой-то смутной, амбициозной цели; однако эта, казалось бы, безобидная мотивация на самом деле может больше навредить, чем помочь.

Помните, что «фанатик» — это более приятный термин для обозначения «сумасшедшего».

Льюис Алсиндор-младший, который выиграл три национальных чемпионата вместе с Джоном Вуденом в Калифорнийском университете в Лос-Анджелесе и был известен большинству людей в то время под прозвищем Карим Абдул-Джаббар, однажды использовал одно слово, чтобы описать тренерский стиль Вудена: бесстрастный. Вуден считал эти дополнительные эмоции бременем; вместо этого его философия была сосредоточена на том, чтобы контролировать ситуацию и выполнять свою работу, а не становиться рабом страсти - этому Льюис Алсиндор-младший в конечном итоге научился под руководством Вудена.

Никто не назвал бы Элеонору Рузвельт, Джона Вудена или Карима безразличными или пассивными личностями. Никто не мог бы назвать их неистовыми или чрезмерно усердными. Рузвельт, одна из самых влиятельных женщин-активисток Америки и, конечно же, ее выдающаяся первая леди, была известна прежде всего своей грацией, уравновешенностью и чувством направления; Вуден выиграл 10 титулов за 12 лет, потому что он разработал систему победы в играх, которая работала с его игроками - не под влиянием волнения, а вместо этого со временем формируя то, кем они стали известны;

В наших усилиях мы столкнемся со сложными проблемами, с которыми никогда раньше не сталкивались. Возможности обычно не появляются в глубоких лужах, для входа в которые требуются мужество и смелость - вместо этого они могут быть затемнены, запылены и заблокированы различными формами

сопротивления - поэтому здесь действительно необходимы ясность, обдуманность и методологическая решимость.
Но слишком часто мы поступаем следующим образом...

Приходит вдохновение: Моя цель — сделать величайший _____ из когда-либо виденных. Будь лучшим.

_____ — «первый из самых».

Совет: Итак, вот что вам нужно шаг за шагом сделать, чтобы достичь этого:

Проверка реальности: мы слышим и делаем только то, что хотим, часто это ведет нас по пути, которого мы не ожидали, и приводит к большему хаосу, чем ожидалось.

Поскольку мы слышим только об успешных людях и их увлечениях, мы можем забыть, что неудачи имели то же качество. Мы не осознаем полностью их последствий, пока не оглянемся назад. В случае изобретателя и инвестора Segway Чарльза Сегвея ошибочные предположения о том, что спрос на их продукт будет гораздо большим, чем существовал, на самом деле существовали. До начала вторжения в Ирак его сторонники часто игнорировали возражения и негативные отзывы, поскольку это противоречило тому, во что они глубоко хотели верить. К сожалению, как видно в «В диких условиях», такое невежество привело к трагическим последствиям. Роберт Фалькон Скотт совершал ошибки из-за чрезмерной самоуверенности и безрассудного энтузиазма, не задумываясь о потенциальных рисках; мы представляем, что Наполеона переполняли эмоции, когда он думал о вторжении в Россию; только после того, как он освободился от этого, вернувшись только с половиной людей, которых первоначально взял с собой домой, его страсть утихла. Были и другие примеры, когда чрезмерное или недостаточное инвестирование, действия до того, как кто-то действительно был готов, или поломка хрупких предметов причиняли вред, но ни один из них не был столь вопиющим, как упомянутые выше.

Страсть часто служит маскировкой слабости; его одышка, порывистость и неистовство служат плохой альтернативой дисциплине, мастерству, силе, целеустремленности и настойчивости. Вы должны уметь распознавать эту черту как в других, так и в себе, потому что ее источники могут казаться достаточно искренними, однако ее последствия часто оказываются комичными или еще хуже.

Страсть очевидна, когда кто-то может очень подробно объяснить, кем он стремится стать, свои цели по достижению успеха и когда он ожидает их реализации - возможно, даже назвав приблизительную дату или подробно описав обоснованные опасения, которые он испытывает по поводу таких целей. Хотя эти люди могут перечислить все, что они планируют сделать или уже начали делать, их прогресс редко проявляется; нет прогресса = страсть!

Как можно быть занятым, но не достичь каких-либо важных задач? Это парадокс страсти.

Если безумие можно определить как выполнение одного и того же действия снова и снова, ожидая разных результатов, то страсть можно рассматривать как форму умственной отсталости, которая со временем принимает множество форм и форм.
Сознательно нанося вред нашим наиболее важным когнитивным функциям, мы рискуем значительно уменьшить их важность и потенциальную пользу для себя и общества в целом. Оглядываясь назад, результат часто может оказаться разочаровывающим; расточительные годы, потраченные на простое вращение шин по асфальту.

У собак, как и у большинства страстных существ, короткая кратковременная память, которая помогает предотвратить чувство тщетности и беспомощности; Однако, к сожалению для нас, людей, реальность в конечном итоге возобладает и разрушает любые иллюзии, в которых мы живем.

По своей сути, для успешного развития людям необходимы целеустремленность и реализм. Цель можно рассматривать как страсть, имеющую границы; в то время как реализм приносит отстраненность и перспективу.

Молодые или недавно сформированные организации часто испытывают сильную страсть, из-за которой медленные действия кажутся нелогичными. К сожалению, мы часто не понимаем, что перенапряжение или выгорание не ускорят путешествие.

Страсть о том. (Я так увлечен _______). Цель для. (Я хочу _______).

Я должен завершить _______. Моя цель пребывания здесь — _______, и я готов преодолеть любые трудности и неудобства, чтобы достичь этой цели.

Цель – это нечто иное, чем «я», она принижает значение личности. Цель должна служить высшей цели.

Стремление к чему-то помимо себя, а не только ради личного удовольствия, требует цели, а также реалистичного планирования: где и каковы наши первые шаги?

На что нам следует обратить внимание изначально? Как мы можем быть уверены, что то, что мы делаем, будет продвигать нас вперед? По каким критериям мы оцениваем себя?
«Великие страсти — это болезни без надежды», — говорил Гете. Чтобы противодействовать таким крайним эмоциям и болезням, целеустремленные и целеустремленные люди действуют на другом уровне: нанимают профессионалов и используют их. Задавайте вопросы, например, что может пойти не так, или ищите примеры, прежде чем планировать непредвиденные обстоятельства, прежде чем делать первый шаг. Они начинают с малого, прежде чем фиксировать прибыль, постоянно наращивая эту прибыль, увеличивая ее экспоненциально, а не линейно.

Разве итеративные подходы вызывают меньше волнения, чем манифесты, прозрения, полеты через всю страну, чтобы кого-то удивить, или написание электронных писем объемом в четыре тысячи слов? Конечно. Являются ли они менее гламурными и смелыми, чем идти ва-банк и максимально использовать свои кредитные карты, потому что вы верите в себя? Конечно. То же самое с электронными таблицами, встречами, поездками, программными инструментами для телефонных звонков и внутренними системами — но, возможно, преимущества перевешивают их недостатки?
Каждая статья, написанная с практическими рекомендациями, написана для известных людей.

Страсть ставит форму выше функции; Цель заключается в функциональности.

Ваша работа требует обдуманности и внимательности, а не страсти или наивности.

Вместо того, чтобы волноваться или ошеломляться тем, что ждет впереди, было бы гораздо разумнее, если бы вы относились к тому, что ждет впереди, как к пугающему и настроились довести дело до конца, несмотря ни на что. Оставьте увлечение любителям; сосредоточьтесь на том, чтобы делать и говорить то, что необходимо, а не на том, что кажется вам естественным или комфортным. Вспомните эпиграмму Талейрана для дипломатов «Surtout, pas trop de zele» («Прежде всего, не слишком много рвения»), чтобы добиться великих дел, оставив позади себя старого, которое пробовало добрые намерения, но было неэффективно, и вместо этого стать продуктивным.

# Глава 8: Следуйте стратегии Canvas Strat

Великие люди почти всегда демонстрировали способность руководить, но при этом были готовы следовать.

--ЛОРД МАХОН В римской культуре, искусстве и науке существовала концепция, для которой мы имеем лишь неполный аналог в современном обществе: успешные бизнесмены, политики или богатые люди могли выступать в качестве артефактов (покровителей искусства).

Playboys будут субсидировать множество писателей, мыслителей, художников и исполнителей; этим художникам не просто платили за создание произведений искусства, но они выполняли ряд обязанностей по защите, еде и подаркам, например, расчищали путь. Одной из таких задач было быть «антиамбулом», или кем-то, кто убирал препятствия на пути своего покровителя, где бы оно ни происходило в Риме; антамбуло уступало дорогу, передавало сообщения своему покровителю и в целом облегчало ему или ей жизнь.

Марсьяль был известным эпиграммистом, который успешно исполнял эту роль в течение многих лет, служа сначала под началом Мелы, богатого бизнесмена и брата философа-стоика Сенеки. Позже он также служил под началом Петилия. Боевой проводил большую часть своего дня, путешествуя между домами богатых покровителей, чтобы оказывать услуги, выражать свое почтение и принимать взамен небольшие символические платежи или услуги.

Проблема Марсьяля заключалась здесь. Как и многие из нас, прошедших стажировку и занимающих должности начального уровня (а позже — издателей, начальников или клиентов), Марсьяль не любил каждую минуту. Он считал, что в этой системе с ним обращались несправедливо. Стремясь жить как какой-нибудь деревенский сквайр, подобный тем, которым он служил, он желал иметь деньги и собственное поместье, где он мог бы свободно создавать произведения, не опасаясь и не притесняя со стороны покровителей или издателей; его сочинения часто демонстрируют это презрение к верхним слоям Рима, которые, как он чувствовал, игнорировали его, несправедливо презирали его. Таким образом, в его произведениях часто присутствует гнев против Рима за действия, направленные против него, которые, по его мнению, причинили ему большие страдания.

Разочарование Марсьяля помешало ему увидеть, что именно его уникальное положение аутсайдера общества дало ему такое уникальное понимание римской культуры, которое существует и по сей день. Что, если бы вместо того, чтобы принимать такие системы на свой счет, он смог бы с ними смириться или даже найти способы оценить их возможности? Но нет: вместо этого они, казалось, поглотили его.

Позиция, разделяемая многими поколениями и обществами: недовольный гений вынужден выполнять работу, которая ей не нравится, для людей, которых она не уважает, поскольку она пытается жить на их собственных условиях. «Как они смеют заставить меня вот так поклониться! Какая несправедливость! Какая растрата!»

Мы видим это в недавних исках, поданных стажерами против своих работодателей из-за оплаты труда. Мы видим, как дети предпочитают жить дома, а не брать на себя то, для чего, по их мнению, они слишком компетентны; и в нежелании идти навстречу кому-либо на их условиях — нежелании идти на компромисс и вносить изменения, которые могли бы продвинуть нас вместе, а не дать кому-либо преимущество; Я не позволю им обойти меня; скорее мы оба останемся ни с чем!

Внимательно подумайте о том, что кажется унижением служения кому-то другому; на самом деле модель ученичества привела к созданию некоторых из величайших произведений искусства, когда-либо созданных: Микеланджело, Леонардо да Винчи, Бенджамин Франклин — все они прошли через такие системы; Кроме того, это может дать вам бесценный опыт, который вы сможетс использовать позже, чтобы стать более известными! Разве не стоит учитывать это временное неудобство, стремясь добиться успеха самому?

Когда кто-то приступает к своей первой работе или присоединяется к новой организации, он или она часто получают такой совет: заставьте других выглядеть хорошо, и у вас все получится. По их мнению, опустите голову и служите своему начальнику. Естественно, этот совет не подойдет ребенку, выбранному среди других претендентов на эту должность, или выпускнику Гарварда, чья степень была получена специально для того, чтобы избежать этого предполагаемого унижения.

Давайте скажем по-другому, чтобы это не звучало так унизительно: этот совет не следует рассматривать как поцелуй в задницу или как выставление кого-либо в хорошем свете; скорее, он должен оказывать поддержку, чтобы другие могли проявить себя с лучшей стороны. Лучшее описание могло бы звучать так: «Найдите холсты, на которых другие смогут рисовать». Вы можете быть «антеамбулом», расчищающим препятствия на своем пути, пока под вами не откроется их собственный путь — и в конечном итоге этот путь станет и вашим собственным путем!

Начало может быть пугающим; мы можем быть уверены в некоторых существенных фактах:

1) Вы далеко не так важны и хороши, как вам кажется; 2) Ваше отношение нуждается в корректировке; и 3) многое из того, что вы знаете или выучили из книг и школ, возможно, уже не актуально или неточно.
Один из отличных способов облегчить все это напряжение и замешательство — объединиться с людьми и организациями, которые уже добились успеха, объединить свою идентичность с их идентичностью и одновременно продвигаться вперед. Хотя погоня за личной славой может показаться более гламурной, она редко обеспечивает длительный успех. Поклонение – это путь вперед.

У такого отношения есть еще одно преимущество: оно помогает снизить эго в важный момент вашей карьеры и позволяет вам усваивать все, не создавая препятствий для прогресса других.

Никто не одобряет подхалимство; скорее, эта практика предполагает взгляд изнутри и поиск возможностей для других, а не для себя. Помните, что «anteambulo» буквально переводится как «расчищать путь»: это означает помощь тому, кто уже собирается идти в определенном направлении, помогая ему собрать вещи, освобождая его, чтобы сосредоточиться на своих сильных сторонах, одновременно улучшая ситуацию, а не просто делая вид, что это так.

Многие знакомы со знаменитыми письмами Бенджамина Франклина, написанными под такими псевдонимами, как «Молчание Кизил». Люди видят во Франклине впечатляющего молодого вундеркинда и упускают из виду его самый выдающийся подвиг: он писал письма, которые он отправлял под двери типографии, и так и не получил признания до тех пор, пока не прошел десятилетия. Действительно, именно его брат-владелец воспользовался их невероятной популярностью, регулярно публикуя их на первой полосе своей газеты. Франклин понимал, как работает общественное мнение, и повышал осведомленность о том, во что он верил, одновременно совершенствуя свой стиль, тон и остроумие с течением времени. Франклин использовал эту стратегию раз за разом на протяжении всей своей карьеры (однажды он опубликовал публикацию в одной из газет своего конкурента, чтобы подорвать репутацию другого конкурента), потому что он осознавал ее силу в том, чтобы заставить других людей выглядеть хорошо и дать им признание ваших идей.

Билл Беличик из «Патриотов Новой Англии» поднялся по карьерной лестнице в НФЛ, полюбив и освоив то, что многие тренеры считали утомительным: анализ фильмов. Его первая профессиональная футбольная работа в «Балтимор Кольтс» была добровольной и неоплачиваемой — его вклад предоставил боеприпасы и важные стратегии, которые первоначально приписывались исключительно более старшим тренерам. «Он впитывал все, как губка. Если ему давали задание, он исчезал в другой комнате, и никто его больше не видел». Таково было впечатление одного тренера.

«Он просто продолжал работать, пока работа не была завершена, а затем захотел большего», — сообщил другой. Как нетрудно догадаться, Беличику очень быстро начали платить.

Беличик уже продемонстрировал свой опыт, будучи старшеклассником; Таким образом, он часто выполнял функции неофициального помощника тренера даже во время игры. Его отец, который сам был помощником футбольного тренера ВМС, преподал ему важный урок футбольной политики: давая отзыв или ставя под сомнение решение своего тренера или начальника, делайте это тихо и скромно, чтобы не оскорбить ни одну из вовлеченных сторон; иными словами, Беличик научился быть восходящей звездой, никого не отталкивая и не обижая – иными словами, он освоил стратегию холста!

Атрибуты, связанные с правом и превосходством – эго – сделали бы достижения этих людей невозможными. Франклин, вероятно, никогда бы не опубликовал свою работу, если бы он отдал предпочтение заслугам перед творчеством — его брат мог бы даже физически напасть на него из-за ревности и гнева! Беличик, скорее всего, расстроил бы своего тренера, унизив его публично, а также отказавшись от бесплатной работы от работодателей, заботясь о статусе выше результатов или просматривая тысячи часов кинопленки. Величие происходит из скромного происхождения: тяжелая работа, которая часто означает быть наименее важным человеком среди присутствующих - пока вы не докажете обратное с ощутимыми результатами!

Есть старая поговорка: «Говори мало, делай много». Вместо этого нам действительно следует стремиться изменить и применить обновленную версию этой концепции при подходе к нашему раннему подходу – быть меньше и делать больше. Представьте себе, если бы вместо этого с каждым человеком, которого вы встретили, вы искали способы помочь ему и смотрели на каждую возможность исключительно его глазами, а не думали, какую пользу это принесет вам? Со временем это будет иметь огромный кумулятивный эффект: изучение новых проблем, которые нужно решать путем решения существующих; развитие отношений; стать незаменимым; построение прочных дружеских отношений; создание обширного банка услуг, доступного при необходимости позже...

Стратегии холста направлены на то, чтобы помогать себе и одновременно помогать другим, обменивая краткосрочное удовлетворение на долгосрочные выгоды. В то время как другие стремятся к кредиту и уважению, вы должны вообще забыть о кредите - более того, это должно быть вашей целью: позволить другим брать кредит, отсрочивая платеж по основной сумме.

Стратегия может быть трудной. Может возникнуть соблазн, как это сделал Марсьяль, ожесточиться по отношению к любому подчиненному. И ненавидеть тех, у кого больше ресурсов. Но вы должны оставаться объективными. Являются ли они более квалифицированными, более опытными или более статусными, чем вы? Или вы бы сказали: каждая минута, не потраченная на работу или работу над собой, — это время потраченное впустую? Защищаться от такой клеветы означало бы сказать себе: «Я не хочу, чтобы меня недооценивали».

Как только мы преодолеем эти эмоциональные и эгоистические импульсы, наша стратегия создания холста станет проще; его итерации становятся бесконечными.

Представьте, что у вас есть идеи, которые вы можете представить своему боссу. Найдите людей, мыслителей и новичков, которых вы знаете, чтобы познакомить их друг с другом; налаживать связи; перекрещивать провода, чтобы зажечь новые искры инноваций; Откройте для себя то, чем никто другой не хочет заниматься, и займитесь этим в одиночку.

Найдите неэффективность, потери и избыточность; находите утечки и устраняйте их, чтобы высвободить ресурсы для новых направлений деятельности.

Производите больше и делитесь своими идеями.

Откройте для себя возможности пробудить их воображение, определите пути и людей для сотрудничества, а также устраните отвлекающие факторы, которые мешают прогрессу и концентрации. Это полезная и бесконечно масштабируемая энергетическая стратегия; рассматривайте каждое усилие как инвестицию в отношения и личностный рост.

Стратегия Canvas доступна каждому в любой момент жизни и не имеет установленного срока действия или возрастных ограничений, что делает ее подходящей для людей всех возрастов и стадий развития. Начните в любое время – до или во время работы; делая что-то еще; когда начинаем что-то новое; внутри организаций, не имеющих сильных союзников или систем поддержки; при переходе между проектами; даже когда вы перейдете к руководству собственными проектами, вы никогда не перестанете использовать этот подход; позвольте другим применить его к вам, в то время как вы сосредоточитесь на том, чтобы давать советы тем, кто выше вас.

Как только вы возьмете на себя эту мантию, вы поймете то, что многие не могут: человек, расчищающий путь, в конечном итоге формирует его направление, как холст формирует картину.

# Глава 9: Сдерживай себя

Мои наблюдения показали, что те, кто добивается больших успехов, склонны «держать себя в руках», никогда не возбуждаясь и не теряя контроля, но всегда оставаясь сдержанными, сдержанными, терпеливыми и вежливыми.

Люди, знавшие Джеки Робинсона в юности, возможно, никогда не могли предсказать, что он станет первым чернокожим игроком в Высшей бейсбольной лиге.

Хотя он обладал огромным талантом и был готов в конечном итоге интегрировать белый бейсбол, он не отличался уравновешенностью или сдержанностью.

Будучи подростком, Робинсон бегал с небольшой группой друзей, у которых часто были проблемы с местными властями. На одном из пикников в колледже он обвинил другого студента в использовании расистских высказываний, а в другой раз во время баскетбольного матча он наносил сильные удары по сильному фолу белого соперника с такой силой, что у него текла кровь. Робинсона несколько раз арестовывали за то, что он бросал вызов и спорил с полицией, которая обращалась с ним несправедливо.

Прежде чем поступить в Калифорнийский университет в Лос-Анджелесе, Джеки Робинсон провел одну ночь в тюрьме (и офицер наставил на него пистолет) за то, что чуть не подрался с белым человеком, который оскорбил его друзей и чуть не ответил насилием. Появились также слухи о том, что это событие спровоцировало протесты против расизма. А также разжигание протестов против расизма в Кэмп-Худе в 1944 году, когда водитель автобуса попытался заставить Джеки сесть сзади, несмотря на законы, запрещающие сегрегацию в базовых автобусах; Затем Джеки еще больше обострил этот конфликт, напрямую бросив вызов своему командиру после того, как скандал обострился еще больше, прежде чем он завершился разбирательством в военном трибунале, которое вскоре после этого привело к увольнению, несмотря на то, что он был оправдан, несмотря на то, что это событие спровоцировало несколько событий, которые привели к его окончательному увольнению вскоре после этого.

Он действовал не просто из разума или гуманности; это вполне может быть необходимо. Почему кто-то должен относиться к нему подобным образом?

Никто не должен это терпеть. И все же... мы все преследуем настолько важные для нас цели, что ради их достижения готовы пойти на все!

Бранч Рики, менеджер и владелец «Бруклин Доджерс», задал Джеки один вопрос, когда узнал о нем как о первом чернокожем игроке в бейсболе: хватит ли у тебя смелости? «Я ищу, — объяснил Рики, — кого-то, у кого будет достаточно сдержанности, чтобы не сопротивляться». На их совместной встрече Рики разыграл все виды оскорблений, с которыми может столкнуться Робинсон, если примет вызов Рики: клерк отеля отказывается забронировать номер, грубый официант в ресторане и оппоненты, выкрикивающие оскорбления друг другу - с чем Робинсон заверил его, что справится просто отлично!

Рики мог выбрать любое количество игроков, но ему нужен был тот, кто не позволил бы своему эго мешать им смотреть на более широкую картину.

По мере того как Джеки Робинсон продвигался по системе бейсбольных ферм и входил в профессиональные ряды, он сталкивался не только с пренебрежением со стороны обслуживающего персонала или сопротивляющихся игроков; также проводилась организованная кампания преследования, направленная на то, чтобы оклеветать, освистать, спровоцировать, заморозить, напасть, покалечить или убить его. За свою карьеру он сделал 72 передачи; игроки чуть не вырвали ему ахиллово сухожилие, нацелив на него шипы; против него были высказаны несправедливые обвинения; перерывы в игре пошли ему не по душе... И все же Джеки никогда не поддавался взрывному гневу, несмотря на сильные чувства; за 9 лет он ни разу не ударил другого игрока кулаком!

Сегодняшние спортсмены кажутся избалованными и темпераментными, однако нам не хватает понимания того, какими были лиги того времени. Тед Уильямс был одним из величайших и самых почитаемых игроков, когда-либо существовавших в бейсболе, когда в 1956 году его поймали на том, что он плевал в своих болельщиков; Для белого игрока это не было чем-то необычным, и позже он сказал репортерам: «Я не сожалел о том, что сделал… Никто не помешает мне плевать!» Однако для чернокожих игроков, таких как Джеки Робинсон, такое поведение было бы немыслимо и недальновидно за гранью понимания — оно разрушило бы его карьеру и отбросило бы его великий эксперимент на последующие поколения.

Джеки пришлось отбросить как свое эго, так и порой базовые представления о справедливости и правах человека. На раннем этапе своей карьеры Бен Чепмен, менеджер «Филадельфии Филлис», во время одной игры был особенно жесток, насмехаясь над Джеки: «Они ждут тебя в джунглях!» он кричал снова и снова;

затем, позже, насмехаясь над тем, что они не хотят, чтобы он был там (несмотря на то, что они хотели одного из этих белых сыновей для себя), Джеки не ответил, несмотря на то, что чувствовал себя некомфортно из-за того, что Чепмен насмехался над ним; Бен Чепмен все время насмехался над Джеки, несмотря на то, что хотел одного или даже пытался схватить одного из этих белых сыновей (несмотря на то, что сам хотел его!). Джеки предпочла не отвечать напрямую; скорее, как он писал позже, в ответ на насмешки над ним, как над этим менеджером, много позже - несмотря на то, что он хотел чего-то совершенно другого - несмотря на то, что хотел чего-то совершенно другого (уже в начале 1932/3/33), когда Чепмен насмехался над Джеки как менеджером во время игра Бена Чепмена в начале карьеры была особенно жестокой во время игры во время игры Бена Чепмена, во время которой Бен Чепмен жестко насмехался над Джеки, насмехаясь во время игры, насмехаясь и насмехаясь во время игры). Джеки не ответил ни разу, как позже написал эту игру, когда Бен Чепмен продолжал насмехаться над Джеки, заставляя его подчиниться, просто не отвечая или действуя возмущенно с течением времени (несмотря на более позднее письмо). Вместо этого, несмотря на желание, со временем появился один из этих белых сыновей). Вместо этого Джеки ответил на это, несмотря на то, что хотел, чтобы на свет появился один белый сын, о чем Джеки позже написал). Джеки просто не ответил, как и в той игре, когда Чепмен насмехался во время игры; к тому времени насмешки Филадельфии Филадельфии с Беном Чепменом, который продолжал насмехаться над Джеки, действительно ответили и ответили, несмотря на то, что тоже хотели этого, были особенно жестокими, но ни один из них не ответил, проявив такую жестокость, не ответив - хотя и не так сильно.
«Моим намерением было напасть на Чепмена своим презираемым черным кулаком и сломать ему зубы», но позже согласился сделать дружеское фото, чтобы спасти свою работу.

При первой мысли, прикосновение или позирование с таким неприятным персонажем почти вызывает тошноту; однако Робинсон назвал это одним из самых сложных испытаний в своей жизни; тем не менее, он понимал, что определенные силы пытались заманить и разрушить его в бейсболе, и знал, какую терпимость нужно будет терпеть для достижения успеха - чего ему не следовало делать в то время, но он все равно сделал.

Какой бы путь мы ни выбрали, в некотором смысле это будет зависеть от того, сколько чепухи мы готовы терпеть. Хотя наши унижения не сравнятся с унижениями Робинсона, сохранять самообладание все равно будет сложно.

Бас Руттен часто пишет букву R на обеих руках перед боем — указание на то, что «rustig» по-голландски означает «расслабиться». Разгневанность, эмоциональность или потеря контроля на ринге закончится только поражением; Джон Стейнбек написал своему редактору: «[терять] самообладание как убежище от отчаяния». Ваше эго здесь не поможет, когда вы имеете дело с издателями, критиками, врагами или непредсказуемым начальником - неважно, они не понимают или вы считаете иначе - еще слишком рано и слишком рано для возникновения такой конфронтационной ситуации. .

О, так ты учился в колледже? Просто потому, что это не дает вам исключительных прав в этом мире. Даже если бы это была Лига Плюща, люди все равно будут плохо к вам относиться и ругать; а наличие миллиона долларов или множества наград ничего не гарантирует в любой новой области, в которую вы пытаетесь войти.

Независимо от вашего таланта, связей или богатства – когда вы хотите сделать что-то большое и значимое, имеющее значение для общества в целом – ожидайте безразличия или откровенного сопротивления со стороны других, от безразличия до откровенного саботажа. Просто рассчитывайте на это.

Эго — это не совсем то, что требуется в этой ситуации — кому нужны хлопоты, связанные с импульсами, верой в то, что вы — Божий дар человечеству, или отказом терпеть что-либо, с чем они не согласны?

Люди, которые научились управлять своим эго, понимают, что, когда другие относятся к ним плохо, это их не умаляет; вместо этого это их унижает.

В дальнейшем могут быть: оскорбления, увольнения, мелкие правонарушения и односторонние дискуссии.

Сделайте некоторые уступки; будьте готовы к компромиссу и работайте за кулисами для достижения результатов.

Все это только еще больше разозлит и расстроит вас, заставив вас хотеть дать отпор, говоря всем: я лучше этого и заслуживаю большего.

Конечно, вы хотите втереть это людям в лицо; что еще хуже, люди, которые не заслуживают уважения, признания или вознаграждений, которые они получают, часто за ваш счет! Когда кто-то не воспринимает вас достаточно серьезно, мы стремимся исправить его; когда наше эго требует признания; пусть помнят кто я!

Вместо этого ничего не делайте. Примите то, что произошло на вашем пути, и потребляйте это до тех пор, пока не почувствуете тошноту, терпите это спокойно и работайте усерднее, играйте в свою игру, игнорируйте любой шум; пожалуйста, Боже, не позволяй ничему отвлекать тебя! Сдержанность — бесценный и трудный навык; может возникнуть искушение, и, как бы мы ни старались, мы никогда не достигнем совершенства в этом - тем не менее, попытки по-прежнему необходимы и должны продолжаться до тех пор, пока наша жизнь не изменится настолько, что совершенство станет возможным.

Робинсон уже перенес свою долю трудностей как афроамериканский солдат и как будущий талант, прежде чем в двадцать восемь лет стал частью организации Доджерс. Таким образом, он столкнулся со значительными преследованиями как выскочка, когда присоединился к ним - опыт, который только усугублялся по мере дальнейшего развития его карьеры с каждой командой, которая его подписала, а также когда его срок пребывания в них закончился в 1965 году.

Тем не менее, ему пришлось еще раз столкнуться с этой реальностью. Новые таланты часто остаются незамеченными, когда их признают, или неоцененными, когда их признают. За всем этим могут быть разные причины – это часть жизни!

Но вы не сможете изменить систему, пока она не будет создана; поэтому тем временем вы должны найти какой-то способ достижения ваших целей - даже если это означает дополнительное время для развития или обучения у других за их счет, или создания своего фундамента и утверждения себя.

Когда Робинсон добился успеха и был признан обеими командами новичком года и самым ценным игроком, его место в «Доджерс» стало прочным, он начал более твердо утверждать себя и свои границы как игрока, так и личности. Освободив свое пространство, он чувствовал себя достаточно уверенно, чтобы спорить с судьями или, если необходимо, броситься плечом, чтобы отступить от другого игрока или отправить сообщение.

Независимо от того, насколько известным или успешным стал Джеки Робинсон, он никогда не оскорблял поклонников и не делал ничего, что могло бы повредить его наследию. Выступая классно с первого дня и до своей кончины, Джеки Робинсон никогда не терял своего класса как артист, несмотря на истерики или разочарования, которые может испытывать любой из нас; тем не менее он быстро понял, что хождение по канату требует сдержанности, а не высокомерия.

По общему признанию, не многие пути подходят.

# Глава 10: Выйдите из собственной головы

Постоянное пребывание в своем уме означает не что иное, как мысли; поэтому такие люди лишаются права голоса в реальности и живут жизнью, полной фантазий и иллюзий.

Холден Колфилд из Манхэттена изо всех сил пытается приспособиться к жизни, в то время как его брат Артуро Бандини из Лос-Анджелеса борется с самим собой и окружающим миром.

Бинкс Боллинг, голубокровная семья из пригорода Нового Орлеана 1950-х годов, пытается уйти от «повседневности» жизни.

У всех этих вымышленных персонажей было одно общее: они не могли убежать от самих себя.

В фильме Дж. Д. Сэлинджера «Над пропастью во ржи» Холден изо всех сил пытается остаться в школе, боится вырасти и отчаянно пытается избежать всего этого. В книге Джона Фанте «Спросите пыль» (часть серии «Квартет Бандини») рассказывается о другом молодом писателе по имени Уилл, который переживает жизнь посредством письма, вместо того, чтобы фактически переживать ее напрямую – видя «каждую ее секунду на странице в пишущей машинке», задаваясь вопросом, почти ли каждый Момент на самом деле может быть ненаписанным стихотворением, пьесой, рассказом или новостной статьей, написанной с ним в качестве главного героя. В фильме Уокера Перси «Кинозритель» рассказывается о Бинксе, который предпочитает смотреть фильмы, а не переживать свое неудобное, дискомфортное существование в жизни.

Психоанализ писателей на основе их произведений может быть рискованным делом, но эти романы — известные автобиографии. Если мы примем во внимание жизнь каждого автора и посмотрим на их жизнь в целом, факты станут очевидными: Дж. Д. Сэлинджер действительно страдал от всепоглощающего чувства самовнушения и незрелости, которое отталкивало людей и парализовало его гений; Джон Фанте боролся с огромным эго и неуверенностью в относительной безвестности на протяжении большей части своей карьеры, прежде чем полностью отказался от романов в пользу полей для гольфа и голливудских баров до тех пор, пока его последняя смерть не дала ему ослепленный диабет, который дал ему еще один шанс начать серьезно писать заново;

«Кинозритель» стала первой книгой Уокера Перси после преодоления подростковой лени и экзистенциального кризиса, продолжавшегося до сорока лет.

Насколько лучше могли бы быть эти писатели, если бы они смогли решить эти проблемы раньше? Их предостерегающий характер заставляет читателей задуматься об этом решающем моменте истории.

К сожалению, застревание в собственной голове не ограничивается вымыслом. Два тысячелетия назад Платон описывал людей, виновных в «напитывании собственными мыслями». Даже тогда люди избегали размышлений о том, как на самом деле может произойти то, чего они желают, и вместо этого наслаждались планированием того, как их мечты могут стать реальностью, получая удовольствие от планирования того, как все будет происходить, - делая жизнь в реальности еще более ленивой, чем воображаемая фантазия. миры! Реальные люди, предпочитающие страстный вымысел реальности!

Джордж Макклеллан из Генерального штаба Гражданской войны выделяется как архетип великих генералов. Его выбрали возглавить силы Союза, потому что он отвечал всем критериям выдающегося полководца: выпускник Вест-Пойнта, опытный в бою, увлеченный исследователь истории и уважаемый своими людьми.

Почему он стал одним из худших генералов Союза, несмотря на армию, полную неумелых и эгоцентричных лидеров? Потому что он застрял в своей голове. Одержимый собой как лидер такой впечатляющей силы, его представление о себе как о ее главнокомандующем не позволяло ему когда-либо выбраться из-под всего этого. Хотя он мог подготовить свои войска достаточно хорошо, когда дело дошло до того, что пришло время вести их в бой, возникли проблемы, с которыми стало трудно справиться.

Он стал до смешного убежден в том, что его враг расширяется в геометрической прогрессии (в какой-то момент он фактически обладал подавляющим преимуществом), в постоянных угрозах и интригах со стороны политических союзников (их не было), в том, что им нужен идеальный план и кампания (его не было бы). работа), о которой все эти вещи стали правдой до такой степени, что он фактически ничего не делал... месяцами!

Макклеллан был одержим собой и тем, как прекрасно он себя чувствовал: поздравляя себя с предстоящими победами или ужасными поражениями, от которых он спас свое дело. Если кто-то бросал вызов этой утешительной

выдумке, Макклеллан реагировал как неразумный, раздражительный, тщеславный, эгоистичный человек; такое поведение само по себе было непростительно, но означало еще более глубокие проблемы для его начальства и для них самих. Такое поведение оказалось неисправимо неприятным, но имело еще большее значение для военных действий в целом.
Другая проблема заключалась в том, что его личность мешала ему выполнить самое важное: выиграть сражения.

Один историк, служивший под началом Макклеллана в Антиетаме, оглядываясь назад, заметил: «Его эгоизм был просто огромен – другого слова для этого нет». убеждал других не действовать, когда это необходимо, и это закрывало ему глаза на то, что нужно делать.

Его повторяющиеся упущенные возможности были бы смехотворны, если бы не их потенциально катастрофические последствия для стольких жизней. Ситуация еще больше усложнялась тем, что два благочестивых и тихих южан - Ли и Стоунволл Джексон - склонные проявлять инициативу, сумели унизить его, несмотря на меньшую численность и ресурсы. К сожалению, это может случиться и с лидерами – нам следует принять это к сведению!

Энн Ламотт дает острое описание этой истории: если не быть осторожным, «станция KFKD (K-Fucked) может играть в вашей голове безостановочно, в стерео».

Из правого динамика в ваше внутреннее ухо пойдет бесконечный поток самовозвеличивания: рассказ о своей исключительности и о том, насколько они более открыты, одарены, блестящие, знающие, непонятые и скромные, чем другие. Тем временем из вашего левого динамика будут звучать песни ненависти к себе: постоянный парад вещей, которые вы не делаете хорошо, и ошибок, допущенных за всю жизнь, а также сомнения и утверждения, что все, к чему они прикасаются, превращается в дерьмо; отношения не работают; вы неспособны на бескорыстную любовь; талант или проницательность существуют для... и так далее, и тому подобное...

Никто, особенно амбициозные люди, не может избежать уязвимости перед нарративом, как во благо, так и во зло. Любому молодому, амбициозному человеку (или просто человеку с молодыми амбициями) легко увлечься своими мыслями и эмоциями, особенно в эпоху, когда поддержание и продвижение «личного бренда» является неотъемлемой частью. Мы рассказываем истории, чтобы рекламировать себя, часто со временем теряя из виду грань между нашими вымыслами и реальностью.

В конечном счете, эти ограничения парализуют нас или становятся препятствием для получения доступа к информации, необходимой для выполнения нашей работы – именно поэтому Макклеллан часто попадался на ошибочные отчеты разведки, которые должны были быть очевидными как ложные; полагая, что его задача проста, ему нужна была только информация для эффективного выполнения своей работы.

Начать было слишком просто и прямолинейно для человека, который так много об этом думал.

В этом отношении он не слишком отличается от нас: у нас схожие тревоги, сомнения, бессилие и боли – мало чем отличающиеся от подростков!

Как провел обширное исследование Дэвид Элкинд, подростковый возраст отмечен тем, что психологи называют «воображаемой аудиторией». Представьте себе 13-летнего подростка, который настолько смущен, что пропускает занятия из-за страха, что все в школе говорят о каком-то происшествии, которого на самом деле никто не заметил, или девочку-подростка, которая каждое утро проводит три часа, глядя в свое зеркало, убежденная, что каждое их движение За make пристально наблюдают все вокруг — они делают это, потому что верят, что все вокруг наблюдают с пристальным вниманием!

Даже будучи взрослыми, мы подвержены этой иллюзии, когда невинно прогуливаемся по улице. Подключите наушники, и сразу же заиграет музыка; мы ненадолго поднимаем воротники курток, чтобы подумать, как круто мы должны выглядеть; мысленно мы воспроизводим успешные встречи, к которым приближаемся; толпы расходятся, когда мы проходим; мы бесстрашные воины на пути к вершине.

Это может быть что угодно, от монтажа вступительных титров до сцены из романа, но когда эти вещи кажутся приятными, они могут держать нас в безопасности, вместо того, чтобы заниматься жизнью вокруг нас.

Эго может быть опасным. Успешные люди знают, как с этим справиться. Они сопротивляются любым искушениям, которые заставляют их чувствовать себя важными или искажают их точку зрения, например, отказ генерала Джорджа К. Маршалла вести дневник во время Второй мировой войны, несмотря на то, что историки и друзья просили его об этом из страха, что это превратило бы его тихое время размышлений в представление и самообман; сомневаться в себе по поводу трудных решений, принимаемых для будущих читателей, сомневаться в себе из-за беспокойства о том, как это будет выглядеть на бумаге и т. д.

Каждый из нас может стать жертвой психических навязчивых идей — будь то запуск технологического стартапа, карьерный рост в корпорации или страстная влюбленность. Чем более творческими мы становимся, тем легче нам потерять концентрацию.

Воображаемое одновременно мощно и опасно; нам нужно использовать его творческую силу, когда он выходит из-под контроля, иначе мы потеряемся в его возбуждении и станем бессильными контролировать свое восприятие.
Как мы можем точно предвидеть или интерпретировать события? Как мы можем оставаться голодными и осознанными? Как мы можем оценить настоящий момент? И, что наиболее важно, как мы можем проявлять творческий подход в рамках практических ограничений?

Жить ясно и в настоящем требует мужества. Не оставайтесь в абстрактном состоянии бытия, вместо этого примите реальность, даже если она неудобна; станьте частью того, что происходит вокруг вас, и постарайтесь не игнорировать и не отмахиваться от того, что происходит вокруг вас. Наслаждайтесь и приспосабливайтесь ко всему этому как можно лучше.

Никто не ожидает, что мы будем действовать, нам нужно просто работать и извлекать уроки из всего, что нас окружает.

# Глава 11: Ранняя гордость

Человек, склонный к гордости, склонен смотреть на вещи и людей свысока; тем самым не давая ему или ей увидеть то, что находится над ними.

В восемнадцать лет Бенджамин Франклин с триумфом вернулся в Бостон после отъезда семь месяцев назад. Напыщенный гордостью и самоуверенностью, Вениамин вернулся, полный надежд на жителей и город в целом.

Он гордился собой; его новый костюм, часы и полный карман монет обязательно производили впечатление на любого, с кем он вступал в контакт, особенно на старшего брата, на которого он больше всего хотел произвести впечатление. Все это демонстрирует сотрудница типографии в Филадельфии.

Франклин быстро дал понять, насколько нелепо раздулось его юное эго после встречи с Коттоном Мэзером, одним из самых уважаемых деятелей города и оппонентом в начале его жизни. Разговаривая, пока они вместе шли по коридору, Мэзер внезапно посоветовал Франклину не держать голову так высоко, сказав вместо этого: «Наклониться! Наклониться!» К несчастью для Франклина, слишком увлеченного своим выступлением, он случайно наткнулся прямо на низкую потолочную балку! Мэзер забавно ответил, предложив: «Пусть это послужит предостережением: не всегда держите голову так высоко, ориентируясь по жизни: поступая так, вы пропустите много сильных ударов».

Христиане верят, что гордость — это зло, потому что она убеждает людей в том, что они лучше, чем они есть на самом деле, что они лучше, чем их создал Бог. Гордость часто приводит к высокомерию и отделению от человечества.

Христианин или нет, вам не обязательно быть религиозным, чтобы оценить этот совет. Простая забота о своей карьере покажет, что гордость – даже за достижения, которые действительно заслуживают похвалы – является лишь препятствием и заблуждением.

Сирил Коннолли, как известно, заметил: «Те, кого боги стремятся уничтожить, сначала кажутся многообещающими». За 25 веков до этого эти же строки написал элегический поэт.
Теогнис писал своему другу Курносу: «Боги наделяют гордостью тех, кого стремятся уничтожить; однако мы нарочно выбираем эту мантию!»

Гордость наносит вред одному из самых важных инструментов достижения успеха: нашему разуму. Учиться, адаптироваться, быть гибким и строить отношения становится сложнее, если в смеси есть гордость; наиболее опасно, что это часто происходит на ранних этапах жизни или во время процессов, когда наше эго новичка берет верх. Только позже вы приходите к пониманию того, что было поставлено на карту, переоценивая свои способности и относясь к гордости слишком серьезно, как это делают другие.

Гордость делает любое незначительное достижение монументальным; это подтверждает нашу сообразительность и гениальность, одновременно предполагая, что то, что мы продемонстрировали до сих пор, было просто предшественником. С самого своего зарождения гордость отделяет обладателя от реальности, тонко и не очень тонко меняя его представления о том, чем что-то является, а что нет; эти сильные мнения, лишь слабо подкрепленные фактами или достижениями, ведут нас по скользкой дорожке к заблуждению или к чему-то еще худшему.

Гордость и эго подсказывают: я считаю себя предпринимателем, потому что решил рискнуть самостоятельно.

Поскольку я в настоящее время лидирую, я знаю, что в конечном итоге выиграю.

Я считаю себя писателем, потому что я что-то опубликовал.

Я богат благодаря тому, как я заработал часть своих денег.

Я чувствую себя польщенным и особенным, потому что меня выбрали.

Я верю в себя, потому что считаю себя важным.

В тот или иной момент мы все занимаемся изготовлением этикеток, однако каждая культура предостерегает от этого: не считайте своих цыплят до того, как они вылупятся; не готовьте соус перед ловлей рыбы; кроликов необходимо сначала поймать, прежде чем их готовить; слова не могут освежить дичь, забитую словами; удары руками выше вашего веса могут привести к травмам; гордыня часто предшествует падениям.

Давайте проясним: такое отношение представляет собой мошенничество. Если вы выполняете работу и вкладываете в нее необходимое время и энергию, никакого мошенничества или чрезмерной компенсации не требуется, если все идет по плану.

Гордость может быть коварным врагом. Джон Д. Рокфеллер регулярно говорил вслух или записывал в своем дневнике: «Поскольку ты начал, — советовал он себе, — ты должен быть осторожен, иначе можешь потерять голову, иди вперед».

В начале своей карьеры Рокфеллер добился некоторого успеха. Он нашел хорошую работу, копил деньги и сделал кое-какие инвестиции; немалый подвиг, учитывая, что его отец был беспринципным пьяницей, занимавшимся мошенничеством! Рокфеллер явно двигался в правильном направлении. Неудивительно, что его достижения и карьерный путь начали вызывать у него чувство самоудовлетворения. В какой-то момент он даже крикнул на служащего банка, отказавшего ему в кредите: «Когда-нибудь я стану самым богатым человеком в мире!»

Рокфеллер, возможно, был единственным человеком, который когда-либо говорил это, а затем стал самым богатым человеком на земле, но на каждую такую историю успеха приходится множество бредовых придурков, которые поверили своим словам только для того, чтобы с треском провалиться в становлении миллиардерами - часто из-за своей гордости. заставили людей не любить их еще больше, чем раньше.

Рокфеллер осознавал свою потребность ограничивать себя и управлять своим эго в частном порядке, спрашивая себя каждую ночь, не позволит ли он этим деньгам слишком раздувать его, одновременно предупреждая себя, чтобы он не терял равновесие и не становился безрассудным в своих решениях. «Держи глаза открытыми», — посоветовал он себе; «Не теряйте равновесия».

Как он позже объяснил, его ужасала опасность высокомерия: это ужасно, когда временный успех портит суждения, искажает восприятие и заставляет нас забыть, кто мы есть на самом деле!» Это вызывает близорукую, онанистическую одержимость, искажающую реальность, истину и наши живет; маленький принц из рассказа Сент-Экзюпери делает это наблюдение, отмечая, что тщеславные люди редко получают что-либо, кроме похвалы; именно поэтому он не должен служить переводчиком.

Гордость притупляет эти чувства или, альтернативно, она может скрывать другие потенциально негативные части нас самих, такие как чувствительность, комплексы преследования или создание всего вокруг себя.

Чингисхан, как известно, советовал своим сыновьям и генералам, которые впоследствии стали его преемниками, что «если вы не можете проглотить свою гордость, вы не сможете руководить». Это послание нашло у них отклик, потому что гордость труднее контролировать, чем диких львов; приводя в пример горы, он часто говорил, что животные могут стоять на них выше их!

Негатив может быть постоянной угрозой; мы склонны защищать себя от людей и вещей, которые препятствуют нашему стремлению к нашему призванию или ставят под сомнение наши взгляды, хотя преодоление этого препятствия должно быть простым. Однако, к сожалению, на развитии мы меньше уделяем внимание защите от признания и удовлетворения, которые быстро придут, как только наша тяжелая работа покажет себя многообещающей; эти люди и вещи часто заставляют нас чувствовать себя слишком хорошо! Бороться с гордыней нужно как можно раньше, прежде чем она неизбежно полностью уничтожит наши усилия.

Устремление легко может быть убито самоуверенностью и зацикленностью на себе. Мы всегда должны быть начеку против этого; самопознание должно вести к смирению, как заметила Фланнери О'Коннор; только тогда мы сможем бороться со своим эго, по-настоящему познав себя. Когда на поверхность выходит чувство гордости, спросите себя: чего мне здесь не хватает?

Есть ли в моем поведении сегодня признаки, которые мог бы заметить более скромный человек, которые скрыты моим бахвальством и неистовыми действиями? Сейчас идеальное время, чтобы задавать такие вопросы и отвечать на них, хотя ставки остаются относительно низкими по сравнению с тем, что произойдет позже, когда ситуация может стать гораздо более актуальной.

Здесь стоит повторить: тот факт, что кто-то выглядит подавленным, не означает, что ему не хватает гордости. Ощущение превосходства над другими в частном порядке по-прежнему является гордостью, и это может быть опасно. Монтень начертал на потолочной балке цитату Менандра: «Ваша гордыня приведет только к гибели». Это закончилось словами «вы, кто считает себя кем-то».

Пока мы продолжаем стремиться, люди вокруг нас должны быть не только гордыми и состоявшимися личностями, но и людьми, находящимися на аналогичных стадиях развития, которые понимают, что еще есть над чем поработать, и гордятся достижениями других. наши сверстники не те, у кого слишком много гордости за себя и слишком мало смирения в отношении того, где они находятся с точки зрения достижения реального прогресса. В противном случае гордость может затуманить наше восприятие и подорвать реальность того, где мы сейчас находимся с точки зрения достижений, поскольку нам еще так много предстоит достичь.

Получив удар по голове и получив известие от Мэзера, Франклин всю жизнь боролся с гордостью; знание этого помешало бы его цели добиться многого, а знание гордости помешало бы этому еще больше. Таким образом, несмотря на ошеломляющие достижения — богатство, славу, власть — Франклин никогда не пережил многих несчастий, вызванных тем, что люди имели слишком высокое мнение о себе.

По сути, этот совет не предлагает отложить гордость только потому, что вы ее еще не заслуживаете; скорее, оно просто гласит: не хвастайтесь тем, чего еще даже не произошло». Другими словами: не хвастайтесь, в этом нет ничего для вас.

# Глава 12: Работа, работа, работа

Даже самые лучшие планы могут оказаться тщетными, если они не обернутся каторжным трудом.

Эдгар Дега наиболее известен своими картинами танцоров в стиле импрессионизма; однако его художественные способности включали поэзию. Учитывая, что Дега обладал таким проницательным умом, который видел красоту везде, куда бы он ни посмотрел, у него определенно была возможность создавать великие стихи; его способности были огромны! --ПИТЕР ДРУКЕР

Профессионализм заключается в работе.

Вот в чем заключается разница между профессиональным и дилетантским письмом: признание того, что одной идеи недостаточно; Чтобы успешно воспроизвести свой опыт на бумаге, требуются усилия и настойчивость. Поль Валери писал в 1938 году, что функция поэта не должна заключаться в том, чтобы лично переживать «поэтические состояния; скорее, его задача заключается в создании их для других; поэтому его работа заключается в создании произведений».

Как ремесленнику, так и художнику, приятно создавать что-то осязаемое благодаря своему труду и труду, а не только нашему воображению. Здесь находится пересечение, где абстракция встречается с реальностью, где разговор уступает место действию.

Генри Форд, как известно, заметил: «Вы не можете построить свою репутацию на том, что планируете делать», а Нина Холтон разъяснила этот момент в знаковом исследовании творчества психолога Михая Чиксентмихайи: идея» может не дать ничего осязаемого, пока не будет реализована упорным трудом; инвестиционный и серийный предприниматель Бен Горовиц выразил это более лаконично: «Самое сложное в постановке больших, амбициозных и смелых целей — это когда приходится отпускать людей, когда эти цели терпят неудачу… Вот что на самом деле означает тяжелая работа!»

Мечтать о многом легко; самое сложное — это просыпаться в 3 часа ночи в холодном поту, когда твой сон становится худшим кошмаром».

Конечно, вы понимаете, что все требует упорного труда. Но вы действительно представляете, сколько их будет? Не до тех пор, пока не произойдет большой прорыв или пока не оставишь свой след; скорее, оно должно продолжаться всю жизнь.

Мы говорим о десяти тысячах часов или двадцати тысячах? Ни одна цифра не имеет значения: нет конечной зоны; думать иначе — значит создавать иллюзорное будущее, которое никогда полностью не материализуется. Здесь важно просто иметь достаточно терпения и усердной работы, чтобы добиться успеха и добиться того, чего мы хотим. Это может показаться не заманчивым, но на самом деле должно вселять надежду: мастерства можно достичь для всех нас, если мы проявим достаточно смирения, чтобы оставаться терпеливыми и упорно добиваться всего этого.

На этом этапе вы должны понять, почему подобная идея задела эго.

В пределах досягаемости?! оно требует. Это говорит о том, что сейчас я им не обладаю.

Правильный. Никто не делает.

Наше эго требует, чтобы идей и желания действовать в соответствии с ними было достаточно, чтобы часы, потраченные на планирование и посещение конференций или разговоры с впечатленными друзьями, учитывались в нашем определении успеха, чтобы они хорошо компенсировались и выполнялись в проектах, которые привлекают внимание или признание. или слава.

Реальность диктует, что то, на чем мы сосредоточиваем свою энергию, определяет результаты.

Билл Клинтон начал собирать карточки для заметок еще в молодости, чтобы отслеживать потенциальных союзников, когда позже придет в политику. Каждую ночь, прежде чем они понадобятся для какой-либо конкретной задачи, он просматривал эту коробку с заметками, звонил людям или писал письма, прежде чем добавлять записи о их взаимодействиях. Со временем его коллекция выросла примерно до 10 000 карточек (в конечном итоге она была оцифрована), что в конечном итоге привело его к власти и продолжает приносить дивиденды даже сегодня.

Подумайте о Чарльзе Дарвине, который десятилетиями работал над своей теорией эволюции, но при этом отказывался от публикации, поскольку она еще не завершена и не совершенна. Никто не знал об этом и не мог понять, над чем он работает, никто не говорил ничего вроде: «Эй, Чарльз, пожалуйста, не торопись; ваша работа так важна! Они не могли знать. Чарльз тоже этого не сделал; все, что он знал, это то, что оно еще не завершено и еще может улучшиться; одно только это знание поддерживало его!

Проводим ли мы дни в одиночестве, борясь с работой, которая может привести к чему-либо, а может и не принести результатов, возможно, отвлекает, обескураживает или причиняет боль? Или мы зарабатываем на жизнь работой, как это делают великие спортсмены? Или мы отвлекаемся на кратковременный поиск внимания или подтверждение посредством бесконечных мозговых штурмов или пустой болтовни?

Fac, si facis (Если это нужно сделать, сделайте это).

Есть еще одно подходящее латинское выражение: Materiam superabat opus (качество исполнения затмило материал). Мы начинаем с того, куда нас заложили наши гены, эмоции и финансы, но важно то, что мы делаем из этого материала – или из отходов!

Будучи молодым баскетболистом, Билл Брэдли часто напоминал себе: если ты не тренируешься, то это делает кто-то другой; когда придет время, вы сможете встретиться с ними, и они победят». Подобным же образом в Библии говорится: «Блаженны те рабы, которых хозяин застает бодрствующими, когда придет. Вы можете убедить себя, что уделяете достаточно времени, или притвориться, что работаете; кто-нибудь придет и проверит вашу трудовую этику – или обнаружит, что что-то не так!

То, что Брэдли впоследствии стал всеамериканским стипендиатом Родса, двукратным чемпионом в составе «Нью-Йорк Никс» и, в конечном итоге, сенатором США, показывает, какая преданность делу может привести вас к успеху.

Поскольку ни одна победа не может прийти без усилий, мы должны захватить ее сейчас.

Разве не было бы удивительно, если бы работа была такой же легкой, как открытие вены и позволить гениальности излиться наружу? Или если бы встречи могли стать возможностью проявить свои таланты и оставить каждую встречу вдохновенной? Используя эту логику, мы могли бы подойти к холсту, налить на него краску и увидеть, как перед нами возникает современное искусство? К сожалению, эта фантазия или ложь не могут существовать в реальной жизни.

Возвращаясь к еще одному старому клише: «Притворяйся, пока не сделаешь это» (приспосабливайся, пока не наступит большой прорыв). В нашем гиперконкурентном мире, где отличить настоящих производителей от искусных саморекламистов может быть сложно, многие прибегнут к этой тактике, чтобы сыграть в игры на доверие и выиграть возможности, которые в противном случае они не могли бы получить. Но искренность никогда не должна требовать, чтобы кто-то другой ее притворялся — со временем это должно прийти само собой. Так зачем кому-то самому пробовать что-то меньшее?

Каждый раз, когда вы садитесь за работу, напоминайте себе: откладывая получение удовлетворения от этой задачи, я откладываю мгновенное удовлетворение; прохождение зефирного теста; зарабатывать то, что требуют от меня мои амбиции, и инвестировать в себя, а не в свое эго.
Признание себя за этот выбор, но ненадолго; сейчас самое время вернуться к практике, работе и совершенствованию себя.

Работа — это быть одному на трассе, в то время как все остальные остались внутри из-за плохой погоды. Работа означает преодоление боли и плохих первых набросков/прототипов, чтобы выполнить свою работу; независимо от того, какие аплодисменты получают другие и какую бы похвалу ни встретили вы; потому что есть работа, которую нужно сделать, и она не делает себя красивой, несмотря на любые проблемы, которые она может представлять.

Одна старая пословица гласит: рабочего можно отличить по щепкам, которые он оставляет на полу. Приняв этот совет серьезно, чтобы точно оценить прогресс, просто посмотрите на свой пол.

# Глава 13: Эго — наш враг, когда дело касается будущего успеха...

Скромность часто может служить платформой, на которой молодые амбиции пускают корни и растут.

--ШЕКСПИР Мы знаем, чего хотим достичь: успеха. Мы стремимся оставить заметный след в обществе, одновременно накапливая богатство, признание и статус для себя и тех, кого мы представляем. В идеале мы хотим всего этого.

Проблема заключается в том, что мы не верим в то, что смирение приведет нас туда, куда мы хотим; боясь, что быть скромным означает быть «порабощенным, попираемым, смущенным и ненужным».

В середине своей карьеры наш вымышленный Шерман, возможно, описывал себя почти такими же словами. Он не заработал много денег и не выиграл каких-либо заметных сражений; ни его имя, ни имя других не попало в заголовки газет и не получило широкой огласки. Возможно, еще до Гражданской войны он начал задаваться вопросом, действительно ли выбранный им путь приведет его к чему-нибудь хорошему.

Такое мышление создает фаустовскую сделку, которая превращает самые благородные амбиции в бесстыдную зависимость. Поначалу эго может показаться адаптивным; сумасшествие может сойти за дерзость, тогда как заблуждения могут сойти за уверенность; невежество вместо смелости – однако все это лишь откладывает затраты на более поздний срок.

Никто никогда не говорил, оглядываясь на всю чью-то жизнь, что чрезмерное эго стоило своей цены.

Концепция Айры Гласса о разрыве между вкусами и талантами приходит на ум во время дискуссий, посвященных вопросам доверия внутри организации.

Творческая работа может быть весьма увлекательной; те из нас, кто это делает, склонны заниматься этим, потому что у нас хороший вкус. Тем не менее, на начальном этапе часто возникают трудности; вы можете создавать вещи, которые в первые пару лет создания будут менее чем звездными, по сравнению с последующими.

Возможно, ваш рецепт не очень хорош; однако у него есть амбиции и вкус к достижению величия; Однако то, чего ему не хватает в исполнении, оставляет желать лучшего как вам, так и другим гурманам. Ваш вкус в первую очередь привлек вас к этому начинанию, и он все еще достаточно силен, чтобы позволить вам понять, что то, что получается, вас весьма разочаровывает.

Во времена конфликтов или неудовлетворенности своей работой и собой эго может утешить. Никому не нравится заглядывать в себя и видеть, что то, чего они достигли, не соответствует ожиданиям - поэтому вместо этого мы можем использовать силу личности или стремление и страсть, чтобы замаскировать реальность и прикрыть наши недостатки более мощными защитными механизмами. Или мы могли бы честно принять наши недостатки и потратить время и усилия на их исправление – это может помочь нам еще больше смириться; увидеть, в чем заключаются наши таланты, а также области для развития; затем приложите усилия, которые создадут устойчивые положительные привычки на протяжении всей нашей карьеры, которые будут длиться всю нашу карьеру и прошлое.

Эго, возможно, было соблазнительным во времена Шермана; теперь мы видим его соблазн более непосредственно, когда Лэнс Армстронг готовится к Тур де Франс 1999 года или Барри Бондс обдумывает вход в клинику BALCO. Высокомерие и обман искушают нас; мы переоцениваем победу любой ценой, при этом переоценивая важность победы любой ценой – все это делают, говорим мы себе; их невозможно победить без использования сока!

Хорошо достигнутые амбиции означают, что нужно смотреть на жизнь со спокойной уверенностью, несмотря на отвлекающие факторы, в то время как другие цепляются за костыли в поисках поддержки. Чтобы быть настоящим, необходимо быть верным самому себе: противостоять искушению уменьшить тревогу, сдавшись; оставаться верным тому, кем вы на самом деле являетесь как личность, и быть верным себе во всем, что встречается на вашем пути, несмотря на любую боль, которую это может причинить; делая не быть.

Шерман принял правильное решение, выбрав свою профессию, чтобы подготовиться к тому моменту, когда его страна и история больше всего будут нуждаться в нем, что позволит ему справиться с огромными обязанностями, которые вскоре падут на него. Это позволило ему вырасти человеком амбициозным, но терпеливым, новаторским, но не смелым, храбрым, но не рискованным; действительно исключительный руководитель!

Теперь у вас есть шанс взять под свой контроль и сыграть в нетрадиционную игру, рискуя ради достижения смелых целей, которые могут изменить жизни навсегда. Но будьте осторожны: то, что ждет впереди, будет подвергнуто испытаниям, которые вы даже не можете себе представить, поскольку успех может создать собственный набор давления, в том числе вызванного вашим эго!

Вы готовы к тому, что это значит? Теперь у вас есть возможность.

# Глава 14. Добейтесь успеха сегодня, следуя этим рекомендациям.

Наконец мы достигли вершины горы, над которой мы неустанно трудились – или, по крайней мере, она видна! Но теперь в неумолимой обстановке нас ждут новые искушения и проблемы, а сам успех кажется мимолетным. Почему успех кажется мимолетным? Эго сокращает его. Даже внезапная или медленная эрозия может внезапно закончиться — мы перестаем учиться, перестаем слушать, теряем представление о том, что действительно важно — мы становимся жертвами как самих себя, так и конкурентов. Трезвость, непредубежденность, организованность и целеустремленность являются прекрасными стабилизаторами, которые помогают уравновесить любые чувства гордости или собственной важности, которые могут сопровождать достижения или признание.

На рассмотрение и подражание нам представлены два различных характера; один отличается хвастливым честолюбием и экстравагантной жаждой, тогда как другой излучает смиренную скромность и справедливую справедливость. Две модели или изображения служат моделями, на основе которых мы можем моделировать свой характер и поведение; один более яркий и красочный по окраске, а другой более нежный и потрясающе красивый по своим очертаниям.

Говард Хьюз-старший был изобретателем и магнатом-инструменталистом, который внезапно скончался в 54 года от внезапного сердечного приступа на деловой встрече в январе 1924 года. Сыну Говарда Говарду Хьюзу-младшему тогда было всего восемь лет. Его смерть оставила его сына без отца, который мог бы заботиться о нем или заниматься каким-либо бизнесом; вместо этого он выбрал своим наследием тихую жизнь, наполненную изоляцией от общества и изоляционизмом.

Молодой Хьюз совершил необычайный шаг дальновидного предвидения, когда решил купить все акции своих родственников и самому получить контроль над всей компанией, вопреки их возражениям и хотя по закону все еще считался незначительным. Тем самым Хьюз получил право собственности на предприятие, которое за 100 лет своего существования будет приносить миллиарды прибыли.

Молодой Хьюз принял смелое и безрассудное деловое решение, основав империю Хьюза, не имея большого делового опыта и формального образования. За свою карьеру он накопил один из самых постыдных, расточительных и нечестных деловых рекордов, когда-либо виденных, создав нечто более близкое к преступной деятельности, чем к капиталистическому предпринимательству. Оглядываясь назад, годы его правления больше, чем когда-либо, напоминают позорную криминальную деятельность, чем какое-либо капиталистическое предприятие.

Никогда нельзя оспаривать, что Хьюз был одаренным, дальновидным и блестящим человеком; это просто так. Настоящий гений механики, Хьюз также был одним из самых храбрых пилотов на заре авиации - сам исключительный пилот! Более того, как бизнесмен и режиссер он обладал сверхъестественной способностью предсказывать далеко идущие изменения, которые в конечном итоге изменили не только отрасли, связанные с ним, но и Америку в целом.

Тем не менее, после того, как он лишился легенды и славы в целях саморекламы, остался только один его образ: эгоист, который потратил сотни миллионов богатств, не оставив после себя ничего стоящего для своих преемников, и в конце концов умер вопиющим неудачником в нищете.
Не случайно, не из-за внешних сил или конкуренции; скорее, почти исключительно из-за его собственных действий.

Хьюз немедленно покинул компанию по производству инструментов, которую он купил у своей семьи, для того, чтобы продолжить выкачивать ее денежные резервы. Он покинул Хьюстон и больше никогда не возвращался в штаб-квартиру компании, а вместо этого переехал в Лос-Анджелес, стремясь стать кинопродюсером и знаменитостью.

До того, как разразилась Великая депрессия, Хьюз потерял более 8 миллионов долларов, торгуя акциями. «Ангелы ада» заняли три года и стоили 4,2 миллиона долларов; его производство обошлось ему примерно в 1,5 миллиона долларов при бюджете в 4,2 миллиона долларов; при этом чуть не обанкротив свою инструментальную компанию. Не сумев усвоить урок с первого раза, Хьюз потерял еще 4 миллиона долларов, торгуя акциями Chrysler в начале 1930 года.

Оставив академию позади и занявшись авиационным бизнесом, основав Hughes Aircraft Company в качестве оборонного подрядчика, Хьюз обнаружил, что с трудом выполняет деловые и личные обязательства, борясь с тяжелой личной трагедией изобретателя и неудачами компании. Несмотря на многочисленные достижения Хьюза как изобретателя и творца, это предприятие в конечном итоге оказалось неудачным. Два его контракта во время Второй мировой войны на общую сумму 40 миллионов долларов оказались грандиозными провалами, повлекшими большие потери как для него самого, так и для американских налогоплательщиков. Хьюз разработал и пилотировал один из самых больших когда-либо построенных самолетов: Spruce Goose. Хьюз назвал этот огромный самолет «Геркулесом». На это ушло пять лет и около 20 миллионов долларов, прежде чем он пролетел всего один раз примерно одну милю – всего на высоте 70 футов над водой! По его приказу и за счет он годами простоял в ангаре с кондиционером в Лонг-Бич, ориентировочная годовая стоимость которого составляла один миллион долларов. Хьюз решил еще глубже погрузиться в кинобизнес, купив RKO Movie Studio и понеся убытки в размере более 22 миллионов долларов за несколько лет (при этом количество сотрудников сократилось с двух тысяч до менее пятисот, когда он свел ее с ума). Устав от обоих видов бизнеса, как и от компании по производству инструментов, он полностью распустил оборонные контракты и вместо этого оставил управление ими руководителям, что позже оказалось успешным, несмотря на Хьюза.

На первый взгляд, было бы заманчиво остановиться на этом, чтобы избежать дальнейших размышлений, но это означало бы упустить из виду масштабные налоговые махинации Хьюза; его авиакатастрофы и автокатастрофы со смертельным исходом; миллионы, потраченные на частных детективов, адвокатов, контракты для звездочек, которым он отказывался позволить действовать по контракту, а также собственность, в которой он никогда не жил; только публичное разоблачение заставило его вести себя ответственно; его паранойя, расизм, издевательства, а также неудачные браки, наркозависимость, а также многочисленные предприятия и предприятия, которыми он плохо управлял.
Юная Джоан Дидион написала: «Наше прославление Говарда Хьюза рассказывает нам кое-что интересное о нас самих». И она была совершенно права: Хьюз был одним из худших бизнесменов 20-го века, несмотря на свою известность; большинство из них потерпели неудачу и не оставили никаких следов, поэтому трудно точно определить, почему их усилия потерпели неудачу; благодаря прибыли, полученной от компании его отца (которую Хьюз считал слишком утомительной, чтобы вмешиваться), Хьюзу удавалось оставаться на плаву, что позволило нам воочию убедиться в том, какой ущерб его эго нанес себе, другим и тому, чего он хотел достичь.

Медленное погружение Говарда в безумие требует дальнейших иллюстраций. В его биографиях он изображен сидящим с обнаженной грудью, немытым и неопрятным на любимом белом стуле, которым он дорожит, работая круглосуточно, чтобы помешать адвокатам, расследованиям, инвесторам и скрыть постыдные тайны, которые грозят разрушить его империю и раскрыть ее постыдные тайны. Он рассылал, казалось бы, иррациональные записки о бумажных салфетках или приготовлении еды, которые сотрудники не должны обсуждать с ним напрямую; а затем придумал блестящие стратегии, чтобы перехитрить как кредиторов, так и врагов. К своему недоверию они отметили, что IBM разделилась на две части. По их словам, это выглядело так, как будто «IBM создала две дочерние компании: одна производит компьютеры с прибылью, а другая производит Edsels с убытками». Если кому-то нужна иллюстрация эго и разрушения, объединенных в одном пакете, немногие изображения могут превзойти это видение напряженного человека, работающего одной рукой для достижения своих целей, а другой так же усердно работающего, чтобы подорвать их.

Говард Хьюз не был ни полностью безумным, ни полностью нормальным; скорее его эго, подпитываемое и усугубленное физическими травмами в результате авиационных и автомобильных катастроф, за которые он был ответственен, а также различными пристрастиями, привело его во тьму, которую мы едва можем себе представить. Были короткие периоды ясности, когда проявлялся острый ум Говарда - времена, когда появлялись некоторые из его лучших приемов - но со временем эти случаи становились все реже, пока, в конце концов, Говарда не одолели как мания и травма, так и его эго. в одиночку - в конечном итоге убив Ховарда настолько, насколько мог сделать любой из них в одиночку, прежде чем он в конечном итоге погибнет от обоих.

Только тот, кто хочет это увидеть, сможет это сделать. Может быть более привлекательно и увлекательно представить себя миллиардером-бунтарем, эксцентричной всемирно известной личностью, которая готова рискнуть всем ради того, что кажется ничем взамен. Говард Хьюз умер один, в приюте, который он сам построил. К сожалению, он мало радовался тому, что ему было дано. Однако самое важное — это потраченные впустую талант, храбрость и энергия, которые следовало бы использовать лучше и, в свою очередь, дали человечеству гораздо большую надежду на американскую мечту. Аристотель указывал, что без добродетели и подготовки трудно правильно принять удачу. Мы можем поучиться у Хьюза, поскольку его неудача была публично очевидна. Его постоянная потребность в центре внимания, какой бы нелестной она ни была, дает нам возможность заглянуть в себя: наши тенденции, трудности и радости успеха, проявляющиеся в его бурной жизни - Голливуд, оборонная промышленность, Уолл-стрит и авиационная промышленность - все они были мишенями. его огромного эго и разрушительного пути — мы видим пример человека, чьи импульсы мы все разделяем!

Однако он далеко не единственный человек в истории, который пошел по такому пути. Пойдёшь ли ты по его стопам?

Иногда при восхождении можно подавить эго. Мощная идея, удачное время или рождение в богатстве и власти могут временно поддержать или даже компенсировать чрезмерно сильное эго. Когда приходит успех – как это произошло с только что отпразднованной чемпионской командой – эго начинает играть с нашим разумом и ослабляет волю, которая изначально и помогла нам победить. Империи всегда рушатся; поэтому нам следует задуматься, почему и как империи имеют тенденцию разрушаться изнутри.

Гарольд Джинин получил широкое признание как создатель современной модели международного конгломерата. Благодаря серии приобретений, слияний и поглощений (всего более 350) он увеличил доход ITT с 1 миллиона долларов в 1959 году до почти 17 миллиардов долларов к 1977 году - уйдя на пенсию до того, как некоторые предположили, что его влияние стало слишком большим. Самого Генина можно было назвать эгоистом; тем не менее он открыто говорил о влиянии этого на свою отрасль, предостерегая других руководителей от подобных тенденций.

«Генен в своем знаменитом заявлении о болезнях руководителей предприятий в их работе отметил, что алкоголизм не обязательно является самой страшной болезнью; скорее, это эгоизм». Во времена «Безумцев» в корпоративной Америке существовала серьезная проблема с алкоголем, но неуверенность, страх и объективность могут играть друг на друга – это ослепляет людей по отношению к реальности, одновременно еще больше потворствуя их личному эгоизму – они становятся слепыми к реальности, живя в своем собственном мире – становясь опасен для тех, кто работает под его началом, поскольку они искренне верят, что он не может сделать ничего плохого». Генин написал в своих мемуарах, что, столкнувшись с этими болезнями, они могут стать неуправляемыми и даже опасными, работая под руководством друг друга - чего раньше не видела ни одна другая отрасль!

Как только мы празднуем себя за достижение чего-то, это может нанести ущерб, говоря нам, что мы особенные и лучше, чем все остальные; поэтому правила ко мне не относятся.
Лучше всего об этом сказал Виктор Франкл: «Человеком движут стремления, но его тянут ценности». Если мы хотим, чтобы наш успех длился дольше, чем вспышка на сковороде, то понимание этой новой формы эгоизма и принципов, необходимых для ее преодоления, являются важными шагами к достижению именно этого.

Успех может быть опьяняющим, но для его поддержания требуется осторожность и умеренность. Мы не сможем учиться, если думаем, что уже знаем все; мы также не должны становиться жертвами наших собственных мифов или внешнего шума и болтовни; скорее, нам следует признать, что мы являемся частью взаимозависимой вселенной, и сосредоточиться на развитии систем и организаций вокруг того, что мы делаем, которые сосредоточены на самой работе, а не на нас самих.

Хьюза погубило эго. В какой-то момент своей карьеры мы все столкнемся с похожим выбором – будь то выбор, сделанный с нуля или передаваемый из поколения в поколение; финансовый достаток или развитый талант; те же самые принципы энтропии угрожают вашему успеху в той же мере, в какой они сейчас стремятся к его разрушению.

Сможете ли вы добиться успеха или он вас разрушит?

# Глава 15: Всегда учитесь

Каждый, с кем я встречаюсь, в той или иной форме служит моим учителем, и благодаря этим отношениям я получаю знания.

О Чингисхане ходили легенды еще при его жизни: дерзкий варвар-завоеватель, полный кровожадности, терроризировавший окружавшие его цивилизованные общества. Мы до сих пор знаем его имя!

Монгольский правитель Чингисхан возглавил ненасытную монгольскую орду через Азию и Европу, ненасытно грабя, насилуя и убивая не только отдельных людей на своем пути, но и целые культуры, которые они создали, пока они безжалостно маршировали - только для того, чтобы эта угроза просто исчезла в истории как их наследие. никогда не выживали, несмотря на все их кровавые грабежи. Как и его кочевые воины до них, это ужасное облако просто распалось, поскольку ничего прочного не осталось, потому что монголы не создали ничего, что имело бы непреходящую ценность, которая могла бы существовать в течение долгого времени по сравнению с их кочевым отрядом воинов - в отличие от своих предшественников-кочевников-воинов это облако просто исчезло из истории, потому что монголы не построил ничего прочного.

Как это часто бывает в реакционных, эмоциональных оценках, эта интерпретация не может быть еще более ошибочной. Чингисхан был не только одним из величайших военных умов всех времен; он также был непрестанным учеником, чьи ошеломляющие победы часто достигались за счет принятия и адаптации инноваций каждой культуры, с которой он сталкивался, в свою империю.

«Чингисхан продемонстрировал одну ключевую характеристику своего правления и последующих столетий династического правления: присвоение». Под руководством Чингисхана монголы умели брать от других культур лучшее, чем само завоевание. Даже без технологических изобретений, зданий великой красоты или великого искусства, созданных во время его правления, их культура узнавала что-то новое с каждой битвой, с которой они сталкивались, или с каждым врагом, которого они побеждали - это было не из-за исключительного таланта, а вместо этого из-за «обширного цикла прагматического обучения». , экспериментальная адаптация и постоянный пересмотр, движимые его уникально дисциплинированной и целенаправленной волей».

Он был одним из величайших завоевателей, которых когда-либо видел мир, благодаря своей необычайной готовности учиться. Ни один другой завоеватель не имел такой открытости к росту.

Хан добился первых успехов за счет реструктуризации своих воинских частей, организовав их в группы по десять солдат в каждой, переняв эту тактику у соседних правителей.
Тюркские племена помогли невольно перевести монголов на десятичную систему счисления. Вскоре их расширяющаяся империя познакомила их с чем-то, с чем они раньше не сталкивались: городами-крепостями. Хан быстро стал мастером осады укрепленных городов во время своих тангутских набегов и быстро изучил сложные тонкости боя с укреплениями, тактику, необходимую для осады осадных машин, способных прорвать городские стены, при помощи обучавших его китайских инженеров. Позже он научил своих солдат строить осадные машины, которые могли бы легко их сбить. Когда Хан вел свои кампании против чжурчженей, он осознал ценность развития хороших отношений между собой и завоеванным им народом. Тесно сотрудничая с учеными и королевскими семьями каждой завоеванной территории, Хан управлял своими территориями более успешно, чем большинство империй. Затем Хан нанял бы некоторых из самых умных астрологов, писцов, врачей, мыслителей и советников в каждой стране или городе, который он контролировал, чтобы помочь усилиям своих войск; Именно по этой причине его войска путешествовали с следователями и переводчиками.

Привычным для их культуры было сохранение мира. Хотя сами монголы часто были сосредоточены только на войне, они использовали каждого квалифицированного мастера, торговца, ученого, артиста, повара и квалифицированного рабочего, с которым встречались, в своих интересах. Монгольская империя славилась своей религиозной свободой и открытостью новым идеям и культурам, особенно любовью к обучению и сближению культур. Например, он впервые ввел в Китай лимоны, а китайскую лапшу — в западные страны. Кроме того, во всех его владениях были распространены персидские ковры, немецкие горнодобывающие технологии, французские технологии обработки металлов и ислам; Говорят, что его пушка возникла в результате слияния китайского пороха, мусульманских огнеметов и европейской металлообработки благодаря открытости монголов к обучению и новым идеям; все вместе создали революционную войну, которая произвела революцию в войне!

По мере того, как мы растём в успехе, перед нами возникают новые ситуации и проблемы. Новоиспеченный солдат должен изучать политику; продавец, менеджмент; делегирование основателем; писатель, редактирующий чужие произведения; комик, выступающий вживую на сцене, или шеф-повар, ставший ресторатором, управляющий другими частями своего дома, — это лишь некоторые из задач, которые им предстоит решить.

Джон Уилер, один из ученых, ответственных за разработку водородной бомбы, однажды заметил, что «по мере расширения нашего острова знаний растут и его пределы». Другими словами, каждая победа или продвижение, которые делали Хана умнее, также подвергали его воздействию новых ситуаций, с которыми он раньше не сталкивался - требуется смирение и самосознание, чтобы признать, что вы знаете меньше, даже когда вы получаете знания; Помните, Сократ был мудр, потому что знал, что еще так много не понимает!
Достижения влекут за собой растущее давление, заставляющее нас казаться, будто мы знаем больше, чем есть на самом деле, или верить, что мы уже обладаем всеми знаниями. Наука инфлата (знание расширяется), создавая одновременно беспокойство и риск: мы думаем, что знаем все, тогда как на самом деле понимание — это непрерывный, постепенный процесс.

Уинтон Марсалис, девятикратный лауреат Грэмми и Пулитцеровской премии, джазовый музыкант, однажды посоветовал начинающему молодому музыканту, как подойти к изучению музыки: «Смирение способствует обучению, противодействуя высокомерию, которое сдерживает появление истины. представьте себя; вы не стоите на своем пути... Знаете ли вы, как можно определить, действительно ли кто-то смирен? Простой тест: смиренные постоянно наблюдают и слушают, постоянно совершенствуясь, а не предполагают, что они знают путь».

Куда бы жизнь вас ни завела, оставайтесь вечным студентом. Без продолжения обучения и изучения новых горизонтов жизнь для вас быстро закончится.

Обучение должно быть не просто началом; скорее, оно должно стать частью нашей повседневной жизни. Учитесь у всех и всего вокруг нас — у тех, кого вы бьете или бьете, у тех, кто вам не нравится или даже у тех, кого считают врагами, — всегда есть возможность открыть для себя что-то стоящее; даже если урок может быть лишь временами полезным, мы не должны позволять эго мешать нам слышать то, чему может научить Вселенная.

Слишком часто наше восприятие себя как умных позволяет нам оставаться в изолированном пузыре, который гарантирует, что мы никогда не чувствуем себя глупо (и никогда не будем вынуждены учиться или пересматривать то, что мы знаем). Это лишает нас возможности увидеть пробелы или слабости в нашем понимании, пока не становится слишком поздно; вот где тихая цена берет свое.

Занимаясь своим ремеслом, каждый из нас сталкивается с угрозой нашего эго, отвлекающего нас от обучения. Когда наше эго убеждает нас, что мы закончили обучение, обучение может полностью остановиться; поэтому Фрэнк Шемрок однажды посоветовал: «Никогда не переставайте быть студентом; Обучение на протяжении всей жизни никогда не заканчивается».

Решение одновременно простое и поначалу неудобное: начните читать о чем-то, о чем вы знаете мало или совсем ничего, поставьте себя в ситуации, в которых вы наименее осведомлены, и сознательно подвергайте себя сомнению на основе глубоко укоренившихся предположений. Переключите свое мышление. Измените свое окружение.

Любитель защищается; профессионалы находят обучение (и участие!) приятным; им нравится, когда им бросают вызов и унижают, они участвуют в образовании как в непрерывном и бесконечном процессе.

Большинство военных культур и людей стремятся навязать ценности и контролировать то, с чем они сталкиваются, в то время как монголы отличались своей способностью объективно оценивать каждую ситуацию, адаптироваться по мере необходимости и заменять предыдущие практики на новые, когда это необходимо. Все великие предприятия начинаются именно так, но в конечном итоге что-то происходит (возьмем, к примеру, теорию подрыва), в результате чего отрасль в конечном итоге будет разрушена какой-то тенденцией или инновацией, за которой существующие интересы просто не смогут угнаться. Почему бизнес не может меняться и адаптироваться?

Одна из ключевых причин заключается в том, что они утратили способность учиться и вообще перестали быть студентами. Как только это произойдет, ваши знания станут хрупкими.

Питер Друкер, один из выдающихся менеджеров и бизнес-мыслителей, утверждает, что обучение не следует рассматривать просто как то, чего мы желаем; По мере развития людей необходимо также понимать, как они учатся, чтобы они могли внедрять процессы, обеспечивающие непрерывное образование - в противном случае мы рискуем впасть в добровольное невежество.

# Глава 16: Не рассказывай себе сказки!

Миф становится легендой благодаря многократному пересказу, а не благодаря тому, что он проживается на собственном опыте.

Начиная с 1979 года Билл Уолш вывел команду «Сан-Франциско Форти Найнерс» из одной из худших команд в футболе в одну из ведущих команд.

Всего три года понадобилось Стиву Янгу, чтобы привести свою команду от некомпетентности к победе в Суперкубке – то, что раньше казалось невозможным! Теперь, когда он водрузил над головой Трофей Ломбарди, у него, возможно, возникло искушение сказать, что это был его план с самого первого дня, тогда как десятилетия спустя, когда он составлял свои мемуары, это могло легко стать его официальной сюжетной линией.

Это была заманчивая история: его поглощение, поворот и трансформация были тщательно спланированы, и все происходило точно по плану, потому что он был просто хорош и талантлив. Никто бы не придрался к этому повествованию.

Однако Уолш отказался потворствовать таким фантазиям. Когда люди спрашивали Уолша, есть ли у него план выиграть Суперкубок, его ответ всегда был отрицательным; после прихода к власти такой бесперспективной команды сохранение таких амбиций было бессмысленным.

До его прихода «Форти Найнерс» имели 2 и 14 игроков, были деморализованы, сломлены, не имели выбора на драфте и укоренились в культуре проигрыша. В свой первый сезон под его руководством они проиграли еще четырнадцать игр и чуть не ушли в середине второго года его правления - и все же через двадцать четыре месяца после прихода к власти (и примерно через год после того, как почти ушел), они были чемпионом Суперкубка «гением».

Как это произошло и было ли это частью «плана»?

Ответ на этот вопрос требует понимания методов Билла Уолша при вступлении во владение; вместо того, чтобы сосредоточиться исключительно на победе как таковой, он реализовал то, что он называл своим «Стандартом производительности», или что следует делать, когда и как. На базовом уровне. У Уолша был один график, направленный на внедрение стандартов во всей организации.

Он сосредоточился на, казалось бы, тривиальных деталях: игроки не могли сидеть на тренировочном поле; тренерам приходилось носить галстуки и заправлять рубашки в жилеты; каждому нужно было приложить максимум усилий и приверженности; спортивное мастерство имело важное значение; раздевалки должны содержаться в чистоте и порядке, внутри запрещается курение, драки и ненормативная лексика; защитников проинструктировали, где и как держать мяч; линейные судьи прошли тридцать различных важных упражнений, в то время как маршруты обгона контролировались и снижались до дюйма; тренировки были расписаны по минутам!

Вера в то, что этот стандарт касается контроля, была бы неточной; скорее, его акцент был сделан на привитии совершенства с помощью, казалось бы, простых, но строгих стандартов, которые имели большее значение, чем любое грандиозное видение или стремление к власти. По его словам, когда игроки сами позаботятся о каждой детали, «счет позаботится сам о себе», и успех последует за ними.

Уолшу хватило самоуверенности и смирения, чтобы знать, что эти стандарты приведут к победе, но он никогда не мог предсказать, когда наступит этот знаменательный момент. То, что это произошло быстрее, чем у любого тренера когда-либо прежде, было просто удачей в игре, а не каким-то грандиозным замыслом с его стороны; один тренер во втором сезоне даже пожаловался владельцу Уолша, что Уолш слишком сосредоточен на мелочах и не имеет конкретных целей, к которым нужно стремиться - действие, за которое Уолш уволил этого тренера из-за его неподчинения и сплетен против него, а также уволил их за неподчинение по отношению к его и уволили за непослушание!

Люди стремятся верить, что те, у кого есть великие империи, намеренно намеревались их построить. Мы хотим этого, чтобы мы могли заниматься приятным планированием и полностью брать на себя ответственность за любое благо, которое происходит, или богатство и уважение, которые встречаются на нашем пути. Повествование – это когда человек оглядывается назад на маловероятный путь, ведущий его к успеху, и говорит: «Я знал это с самого начала, вместо того, чтобы говорить: надеялся, много работал, получил некоторые перерывы или думал, что это может случиться – хотя на самом деле все это могло быть верой». основанные на вере предположения, а не знания, основанные на вере, а не только знания — кто хочет помнить все те времена, когда мы сомневались в себе?

Сочинение историй на основе прошлых событий — естественный человеческий инстинкт, однако опасный и неверный. Построение собственного повествования может привести к высокомерию; превращая жизнь в фикцию, хотя нам еще предстоит ее прожить. Автор Тобиас Вольф пишет в «Старой школе» о том, что эти объяснения позже с большей или меньшей искренностью собирались воедино, а затем повторялись снова и снова, тем самым блокируя все другие пути исследования.

Билл Уолш понимал, что на самом деле именно Стандарт производительности – обманчиво мелкие детали – сыграл важную роль в трансформации и победе его команды, а не какие-либо грандиозные жесты, такие как называние себя «Гением». Чтобы не попасть в заголовки новостей, он не реагировал, когда репортеры называли его такими именами.

Принятие названий и повествований не было бы безобидным личным потворством; эти нарративы не меняют историю, но способны негативно повлиять на наше будущее.

Его игроки быстро продемонстрировали опасности, связанные с слишком буквальным восприятием историй. Как и большинство из нас, они хотели верить, что их маловероятная победа была результатом особенностей, а не простой удачи; Через два сезона после своей первой победы в Суперкубке они сильно пострадали из-за избытка уверенности, пришедшего с такими победами: проиграв 12 из 22 игр из-за преждевременного приписывания себе сил, которыми они еще не обладают, или слишком глубокого размышления о том, что их быстрые победы достижения означают, что они связаны с ними, а также ослабляют усилия и стандарты, которые изначально их поддерживали.

Только когда команда полностью взяла на себя обязательство соответствовать Стандарту производительности, они снова начали выигрывать (еще три Суперкубка и девять чемпионатов конференций или дивизионов за десять лет). Когда они отложили истории и сосредоточились на выполнении текущих задач, они снова начали побеждать, как и раньше.

Как только вы выиграете, каждый захочет получить свою долю. Оказавшись на вершине, ваш момент пребывания на солнце становится всепоглощающим; из-за более высоких ставок и более ограниченного права на ошибку. Слушать и получать обратную связь сейчас становится еще более важным, чем раньше, если вы хотите оставаться успешным и расти как личность.

Факты важнее историй и изображений. Бернард Барух, как известно, советовал не пытаться покупать на дне и продавать наверху, поскольку этого можно добиться только ложью. Заявлениям людей об их рыночной деятельности редко следует доверять. Джефф Безос, основатель Amazon, хорошо осознает это искушение, напоминая себе, что во время ее превращения в компанию с оборотом в миллиард долларов не было «момента ага», независимо от того, что можно прочитать в вырезках из прессы о ней. Создание компаний, зарабатывание денег на рынках или разработка идей — это беспорядочные усилия, которые создают ложное ощущение ясности, которого никогда не было в реальном времени и никогда не будет.

Когда мы стремимся к успеху, важно сопротивляться желанию воссоздавать истории других людей, пока мы идем к нему собственным путем. Однако, как только это будет достигнуто, мы должны бороться с любым желанием притворяться, что все идет по плану, хотя на самом деле за тем, что разворачивалось на ваших глазах, не стояло никакого грандиозного повествования. Помните, что вы присутствовали!

В какой-то момент один из отцов-основателей Google выступил с речью, в которой заявил, что один из способов оценки потенциальных компаний и предпринимателей — это спросить себя, «собираются ли они изменить мир». Хотя это заявление может показаться привлекательным, Google начинал не с этого: Ларри Пейдж и Сергей Брин работали над своими диссертациями в Стэнфорде; YouTube не был задуман как попытка заново изобрести телевидение; его основатели просто делились забавными видеороликами; и не таким образом создается большая часть настоящего богатства с течением времени.

Пол Грэм (инвестор, который помог основать Airbnb, Reddit, Dropbox и другие) десятилетия спустя жил и работал в том же городе, что и Уолш, и советовал стартапам не слишком рано принимать грандиозные идеи. Конечно, как капиталист он предпочитает компании, которые подрывают отрасли и меняют глобальный ландшафт; вот где лежат его деньги. Он ищет стартапы с «пугающе амбициозными» идеями, которые начинаются с малого, а затем превращаются в нечто поистине монументальное. «Чтобы делать большие дела, нужно начинать с малого». Он советует начинать с малого и постепенно наращивать амбиции. «Сохраняйте свою индивидуальность маленькой» сюда хорошо подходит; сосредоточьтесь на создании работы, которая станет впечатляющим заявлением, а не на грандиозных видениях, которые будут освещаться в прессе.

Наполеон написал «К судьбе!» на обручальное кольцо, которое он подарил жене. Эта фраза служила ему оправданием даже самых смелых, честолюбивых планов; к сожалению, это также привело его к тому, что он переоценил свои силы, пока в его настоящую судьбу не вошли развод, изгнание, поражение и позор - Сенека напоминает нам, что любая великая судьба должна включать в себя великое рабство.

Приписывать себе «гения» может быть опасно; но тем более, когда мы позволяем высокомерию убедить себя, что мы едины. Точно так же любой ярлык, навешиваемый на нашу карьеру — например, режиссер, писатель, инвестор, предприниматель или руководитель — ставит человека в конфликт не только с реальностью, но и в первую очередь с любой стратегией, лежащей в основе его успеха. Мысль о том, что успех приходит естественным образом, ведет нас по ложному пути и может привести к переоценке творческих способностей, настойчивости и удачи как жизненно важных факторов.

Отчуждение Google от своих корней (смешение видения с техническими ноу-хау) в конечном итоге приведет к тому, что компания потерпит неудачу; действительно, публичные провалы, такие как Google Glass и Plus, уже могут служить доказательством этого факта. Художники часто придерживаются противоположной точки зрения: их видение путают с научными и технологическими знаниями.
Художники, которые полагаются только на вдохновение или боль, чтобы питать свое искусство, в конечном итоге окажутся на дне бутылки или в острие иглы.

Потому что это все, что удержит нас здесь.

# Глава 17: Каковы ваши приоритеты?

Признание и понимание того, что для вас важно, является ключом к мудрости и долголетию в старости.

По завершении Гражданской войны Улисс С. Грант и Уильям Текумсе Шерман были двумя наиболее уважаемыми и почитаемыми фигурами.

Америка. Освобожденные от своих обязанностей после того, как они внесли свой вклад в победу, американцы, благодарные за эту страну, предоставили каждому человеку свободу выбора любого жизненного пути, который он пожелает - при условии, что это не подвергает опасности других или угрожает самим Соединенным Штатам.

Учитывая эту свободу, Шерман и Грант пошли разными путями. Шерман сторонился политики, отвергая любые просьбы сторонников, просящих его баллотироваться на пост (позже он скажет им: «У меня есть все звания, которые я хочу»). По-видимому, совладав со своим эго, он в конце концов удалился в Нью-Йорк, испытывая чувство счастья и удовлетворения.

Грант не имел склонности к политике и преуспел на военной службе именно благодаря своему неумению играть в политику; тем не менее, он занял один из самых высоких постов в американской истории: пост президента. После того, как он был избран с подавляющим перевесом всеобщих голосований, он возглавил одну из самых коррумпированных, противоречивых и наименее эффективных администраций, когда-либо существовавших. Хотя в остальном он был хорошим и преданным человеком, Вашингтон быстро утомил его; Оставление Гранта после двух сроков часто оклеветанной и противоречивой фигурой было для него почти шоком - почти шоком от того, что его два срока закончились.

Будучи избранным президентом, Грант вложил практически каждый цент, который у него был, в создание финансовой брокерской компании вместе со скандальным инвестором Фердинандом Уордом - как и Берни Мэдофф до него, Уорд превратил ее в схему Понци и публично обанкротил Гранта. Шерман с сочувствием и пониманием писал о Гранте: он «стремился соперничать с миллионерами, которые отдали бы все за его победу», но вместо этого сам добился очень малого. Грант многого достиг, но никогда не испытывал удовлетворения или счастья от всего этого.

К сожалению, этого было недостаточно. Он не мог понять, что действительно имело для него значение в жизни.

Дела часто идут не так, как мы хотим: мы никогда не довольствуемся тем, что имеем, и жаждем того, что есть у других, всегда стремимся иметь больше, чем наши сверстники. Первоначально зная, что для нас важнее всего, как только наша цель достигнута, становится легко потерять приоритеты; наше эго может полностью отвратить нас от них и полностью их скомпрометировать.

Оказавшись в клетке своего чувства чести и вынужденный покрыть долги своей фирмы, Грант взял кредит, используя в качестве залога бесценные военные памятные вещи. Борясь с болезненным раком горла и торопясь закончить свои мемуары перед смертью - и едва успев это сделать! -

Содрогаешься при мысли о том, какие жизненные силы были истощены из этого героя, который умер всего в шестьдесят три года в муках и поражении, - честного человека, неспособного контролировать себя и сосредоточиться на своем огромном гении - который, возможно, сделал бы больше от жизни, если бы они использовали в те годы по-другому и добился больших успехов в Америке и других странах. Чего еще он мог достичь и внести свой вклад?

Не то чтобы он был одинок в этом. Все мы регулярно поддаемся давлению из-за смутного влечения, жадности или тщеславия и говорим «да», не задумываясь, или из чистой импульсивности, жадности или тщеславия. Потому что мы боимся упустить выгоду, если скажем «нет»; вера в «да» позволит добиться большего, хотя на самом деле она препятствует реальному прогрессу в достижении желаемой цели; слишком часто тратим драгоценную жизнь на то, что нам не нравится, чтобы проявить себя перед людьми, которых мы не уважаем, и получить то, чего не хотим!

Почему мы это делаем? Очевидно, это должно быть очевидно.

Эго может вызывать зависть, и его разложение разъедает людей всех слоев общества. Эго разрушает величие, ослепляя его владельца от его истинной ценности.

Большинство из нас начинают свою жизнь с представления о том, чего мы хотим от жизни; мы знаем, что для нас важно. Успех, который приходит быстро или обильно, может поставить нас в неожиданное место — другими словами, мы внезапно попадаем в новую среду, где может быть трудно сориентироваться.

По мере продвижения по выбранному вами пути достижений вы все чаще встречаете других успешных людей, которые заставляют вас чувствовать себя ничтожными. Независимо от того, насколько хорошо у вас дела; их достижения заставляют вас чувствовать себя никем; точно так же, как другие заставляют их так относиться к вам. К сожалению, этот цикл никогда не прекращается; но жизнь продолжается несмотря ни на что.
Невольно мы иногда ускоряем темп, чтобы не отставать от других, бегущих с разными целями или гонками. Что произойдет, если одновременно существует несколько рас?

Шерман объяснял Гранту, что в том, как мы занимаемся вещами, которые никогда не принесут реального удовлетворения, есть ироническое качество «Дара волхва»; в лучшем случае они принесут лишь временное удовлетворение. Нам всем следует остановиться хотя бы на одну секунду.

Давайте проясним одну вещь: конкуренция — это важнейшая сила жизни. Он управляет рынками и вдохновляет человечество на невероятные достижения, однако на индивидуальном уровне абсолютно важно понимать, с кем и почему вы конкурируете; понимание того, где находится ваше пространство с точки зрения конкурентоспособности, позволит добиться успеха во всех начинаниях.

Только вы знаете, в какой гонке вы бежите; в противном случае ваше эго может убедить вас в обратном. Что еще более важно, каждый из нас обладает уникальным потенциалом и целью; поэтому мы должны оценивать и строить свою жизнь в соответствии с этими целями; Одобрение других людей не должно становиться внешним стандартом, которому мы вынуждены соответствовать в ущерб нашему потенциалу и целям.

По мнению Сенеки, нам следует часто вспоминать греческий термин эвтимия: он описывает наше ощущение наших индивидуальных путей и то, как лучше всего идти по ним, не отвлекаясь на внешние отвлекающие факторы, которые их пересекают. Проще говоря: речь идет не о том, чтобы победить кого-либо или обладать больше, чем другие, а о том, чтобы быть тем, кто вы есть, и быть настолько же хорош в том, что вы делаете, не поддаваясь искушениям, которые отталкивают. Евтимия означает спокойствие (на английском языке).

Пришло время подвести итоги того, что действительно важно в жизни, и предпринять шаги к осознанию того, что важнее всего — только тогда успех может стать по-настоящему приятным, долгосрочным и устойчивым. Без этого подхода успех не принесет особого удовлетворения или удовлетворения; что еще хуже, это не продлится долго.

Денежные вопросы особенно чувствительны. Не зная точно, сколько требуется, значение по умолчанию становится больше. Без должного размышления или рассмотрения критическая энергия человека может быть отвлечена от выполнения своего призвания в пользу пополнения своего банковского счета как можно большим количеством средств. «Сочетание неуверенности и амбиций», как заметил плагиатор и опальный журналист Джона Лерер, размышляя о своем впадении в немилость, вызывает «неспособность сказать нет».

Эго не идет на уступки; она хочет всего этого.
Эго говорит вам изменять, даже если вы любите своего супруга; из-за того, чего он хочет: больше за меньшие деньги. Эго говорит: «Почему бы и нет» сразу же приступить к делу, когда все становится сложнее? Однако со временем слишком многое становится слишком большим; как капитан Ахав, преследующий Моби Дика по причинам, которые мы больше не понимаем.

То, что мотивирует ваши приоритеты, может включать в себя деньги, семью, влияние или перемены, построение организации, приносящей долгосрочные выгоды, или создание перемен, приносящих пользу обществу — все это совершенно законные мотивы, — однако знание того, что мотивирует ваш выбор и последствия, которые он несет, имеет решающее значение для принятия разумных решений. решения и оставаться на пути к желаемым результатам. Стратегии, как правило, взаимоисключают друг друга: оперный певец не может одновременно выступать в роли кумира подростковой поп-музыки, поскольку жизнь требует компромиссов, а ваше эго не позволяет этого.

Так почему же вы делаете то, что делаете? Это вопрос, который вы должны задать себе и ответить на него настолько честно, насколько сможете. Только тогда вы обретете ясность относительно того, что важно, а что нет; только тогда вы сможете решить, что действительно имеет значение; только тогда вы сможете легко сказать «нет»; только тогда ты сможешь отказаться от глупых гонок, которые не в счет; только тогда легко избегать «успешных» людей; обычно говоря, это не так - по крайней мере, по отношению к вам, а часто даже к самим себе - только тогда вы сможете развить спокойную уверенность, о которой говорил Сенека.

По мере расширения вашей жизни будут возрастать и ее трудности. Все часто верят в миф о том, что обладание тем, что есть у другого, принесет счастье; иногда нам нужна проверка реальности, чтобы понять, что эта иллюзия пуста; в других случаях мы оказываемся вовлеченными в проекты или обязательства, не понимая, почему мы здесь находимся - смелость и вера могут помочь остановить эти действия, прежде чем они станут истощающими обязательствами, отягощающими наше время и энергию.

Узнайте, почему вы хотите того, чего хотите, игнорируя тех, кто мешает вам на пути, и позволяя окружающим вместо этого жаждать того, что у вас есть. Это настоящая независимость.

# Глава 18: Права, контроль и паранойя

Одним из явных признаков надвигающегося нервного срыва является ощущение, что работа имеет решающее значение.

Когда Ксеркс пересек Геллеспонт во время своего вторжения в Грецию, его воды поднялись и разрушили все его мосты - один только этот акт привел к его поражению и, в конечном итоге, захвату Афинами.

В этот момент он приказал своим людям бросить цепи в реку, нанести ей триста ударов плетью и заклеймить раскаленным железом, одновременно приказав им обратиться к ней со словами: «Соленый ручей, ты должен отплатить своему хозяину за причинение вреда». его без причины. Теперь начинается ваше наказание. Ах да: и отрубите им головы».

Геродот, великий историк, назвал действия Ксеркса самонадеянными; однако это может быть преуменьшением; такие слова, как нелепый и бредовый, вероятно, лучше передали бы, насколько абсурдными и диковинными на самом деле были его выходки. Однако такое поведение было частью его личности; незадолго до того, как произошел этот эпизод, Ксеркс написал местной горе с планами прорубить через них канал: «Вы можете стоять высоко и гордо, но не доставляйте мне никаких хлопот, иначе я сброшу вас в море!»

Как смешно и в то же время грустно!

К сожалению, бредовые угрозы Ксеркса не были исторической аномалией. Вместе с успехом и властью приходят одни из самых опасных заблуждений: привилегии, контроль и паранойя.

Надеюсь, вы не станете настолько психотиком, что начнете персонифицировать неодушевленные предметы и причинять им вред; Такое безумие встречается редко, но чаще всего мы переоцениваем свою силу и теряем перспективу, становясь похожими на Ксеркса, который стал не чем иным, как постыдным фарсом.

Уильям Блейк в книге «Поэт и его творчество» отметил: «Успех может околдовать всех нас и действовать как зависимость».
Проблемы часто возникают из-за того, как мы вообще пришли к успеху. Достигается посредством грубой силы или чистой силы воли; как предпринимательские, так и творческие начинания требуют чего-то из ничего,

богатство достигается за счет победы над рынком и шансами, а чемпионы в спорте доказали свое превосходство над противниками.

Достижение успеха требовало от нас отбросить сомнения и предостережения окружающих, отвергнуть отказы и пойти на риск, который был потенциально рискованным. Было бы легко сдаться, но мы здесь именно потому, что не сделали этого. Настойчивость и смелость перед лицом абсурдных препятствий могут показаться частично иррациональными тенденциями, но в случае успеха эти качества ощущаются оправданными.

А почему бы и нет? Человеку свойственно предполагать, что, как только что-то было достигнуто и каким-то образом изменило мир, мы теперь обладаем магической властью над всем этим. В конце концов, мы живем здесь, потому что мы больше, сильнее и умнее; что мы создаем реальность, в которой существуем.

Тай Уорнер, создатель Beanie Babies, отверг один из советов своего сотрудника и похвастался: «Если бы они положили мое сердце на навоз, они бы его купили!» Однако это оказывается неверным, и в конечном итоге его компания терпит катастрофический крах; позже он также чудом избегает тюремного заключения.

Независимо от того, являетесь ли вы миллиардером, миллионером или просто человеком, которому посчастливилось воспользоваться возможностью на ранней стадии, уверенность может быстро превратиться в ахиллесову пяту, если ею не управлять осторожно. Ваше стремление к лучшей жизни или амбиции, которые движут вашей работой, могут начинаться как искренние побуждения, но могут быстро трансформироваться в высокомерие и чувство привилегий; то же самое и с любым желанием контролировать; теперь это приводит к зависимости; Стремление доказать, что сомневающиеся не правы, может легко перерасти в паранойю.

Да, ваша новая жизнь может принести с собой вполне закономерные стрессы и страдания. От управления несколькими делами одновременно до ошибок, допущенных людьми, которые должны знать лучше, и постоянно растущего списка обязательств — никто не готовит нас к этим чувствам, которые делают жизненный переход более сложным, чем ожидалось. Но не позволяйте этой земле обетованной вместо этого стать раздражающей - возьмите себя в руки, возьмите под свой контроль и вместо этого сделайте это изменяющее жизнь путешествие своим.

Артуру Ли было неприятно, что, когда его отправили служить Америке во Франции и Англии во время Войны за независимость в качестве одного из их дипломатов вместе с Сайласом Дином и старшим государственным деятелем Эдмундом Рэндольфом, вместо того, чтобы получать удовольствие от совместной работы в качестве коллег, он нашел это разочаровывающим и унизительным.

Бенджамин Франклин часто гневно набрасывался на окружающих и подозревал их в его неприязни. Франклин написал ему письмо, о получении которого мы все должны подумать в какой-то момент: если такой характер сохранится, это приведет к безумию. Франклин решил, что написание такого письма будет достаточно очищающим; поэтому никогда не отправляю его.

Прослушивание записей Овального кабинета Ричарда Никсона дает леденящую душу картину болезни; хотелось бы, чтобы кто-нибудь послал ему такое письмо. Эти записи показывают человека, который потерял контроль не только над тем, что законно или над своей работой (служение людям), но и над самой реальностью; его эмоции дико колеблются между уверенностью и страхом, поскольку он отвергает информацию или отзывы, которые бросают вызов тому, во что он хочет верить, и потворствует своим желаниям, и все это так и не достигает места назначения - и даже его совесть не допускается.

Генерал Уинфилд Скотт направил письмо Джефферсону Дэвису, тогдашнему военному министру Соединенных Штатов, после того как Дэвис стал воинственно-педантичным по какому-то тривиальному вопросу. Скотт проигнорировал это, пока в конечном итоге не был вынужден ответить, написав ему, что сострадание всегда должно проявляться к таким людям, которые бросаются, как боксерские груши, против тех, кого они считают невиновными - в данном случае Дэвиса. Скотт писал: «Всегда следует проявлять сострадание к разъяренным идиотам, которые наносят удары, которые только ранят самих себя».

Эго может быть нашим величайшим врагом; это вредит и тем, о ком мы заботимся больше всего - от этого страдают наши семьи, друзья, клиенты, поклонники и клиенты. Критик Наполеона, как известно, заметил: «Он презирает нацию, чьих аплодисментов он ищет». Наполеон никогда не мог не смотреть на французских граждан как на фигуры, которыми он может манипулировать, или на людей, которых можно доказать, что он может превзойти; Короче говоря, у них не было другого выбора, кроме поддержки или противодействия ему, если только оно не исходило полностью и безоговорочно из их рядов.

Умный человек должен часто напоминать себе о своей ограниченности власти и возможностей.

Право предполагает: я заслуживаю этого; это мое дело - зарабатывать. Однако право грабит других людей, недооценивая их время так же, как и свое собственное; тирады и заявления, сделанные против нас, утомляют наших коллег, которые работают вместе с нами; мы преувеличиваем себя, когда разговариваем сами с собой или рассматриваем потенциальных сотрудников для найма; создание нереалистичных ожиданий, которые часто превосходят то, что могло бы быть возможно в реальности.

Контроль может стать парализующим перфекционизмом или бесконечными битвами, которые ведутся просто за то, чтобы проявить свою волю ко всему, истощая себя в этом стремлении.
Люди, которые нам нужны, часто нас расстраивают, особенно те, кто молчат, пока их не вынуждают сотрудничать. Мы боремся с персоналом аэропорта, представителями службы поддержки клиентов по телефону и агентами по претензиям — но ради чего? В конечном счете, мы не можем контролировать погоду, рыночные цены или отдельных людей, и поэтому все усилия и затраченная энергия напрасны.

Паранойя предполагает, что я никому не могу доверять; что я несу полную ответственность за себя в этом начинании, и мне не на кого положиться, кроме себя. Это говорит о том, что меня окружают дураки. Сосредоточиться исключительно на работе, обязанностях или себе может быть недостаточно; Чтобы чувствовать себя в безопасности, также необходимы закулисные махинации с целью нанести ответный удар по предполагаемому пренебрежению.

Каждый в какой-то момент времени сталкивался с раздорами, гневом, хаосом и конфликтами с начальником, партнером или родителем. Как у них сложились дела и куда они идут сейчас?

Сенека, как известно, заявил, что в качестве политического советника он наблюдал деструктивную паранойю на самом высоком уровне: «Те, кто потворствует своим страхам, только получают больший дискомфорт».

К сожалению, наше постоянное «стремление к номеру один» часто может побудить других подорвать нас и противостоять нам. Они признают наше поведение тем, чем оно является на самом деле: попыткой скрыть слабость, незащищенность и нестабильность. Паранойя причиняет больше вреда, чем предотвращает, запирая своего владельца в собственных заблуждениях и хаосе.

Вы представляете себе свободу с успехом? Нет Наверное нет

Поэтому действуйте прямо сейчас.

# Глава 19: Управляйте собой

Одного обладания незаурядными качествами недостаточно; ими также необходимо эффективно управлять для достижения максимального эффекта.

-- ЛА ШЕФУКО В 1953 году Дуайт Д. Эйзенхауэр вернулся со своего инаугурационного парада и вошел в Белый дом на свою первую ночь в качестве президента около 19:00.

Когда Эйзенхауэр вошел в особняк президента, его главный швейцар представил два запечатанных конверта с пометкой «конфиденциально и секретно», которые были отправлены ему ранее в тот же день из Вашингтона, округ Колумбия. еще раз - для этого и нужен мой посох!"

Какой снобизм! Работа в офисе уже вскружила ему голову?

Эйзенхауэр быстро осознал, что этот, казалось бы, незначительный инцидент, является показателем дезорганизации и дисфункции внутри организации. Не все должно проходить через него напрямую — кто сказал, что конверт вообще важен и почему его заранее никто не проверил?

В качестве президента его главным приоритетом была организация исполнительной власти в эффективную, сплоченную единицу, подобную той, которая существовала в его воинских частях, - не потому, что он не хотел работать сам, а потому, что у каждого была своя работа, и он доверял им и наделял их полномочиями. . Позже, по словам его начальника штаба: «Он делает самые важные дела; Я вношу свою долю».

Эйзенхауэра часто изображали на публике играющим в гольф. Хотя этот образ может быть точным, на самом деле он не был тем, кто когда-либо бездельничал; какое бы свободное время у него ни было, он был обеспечен благодаря управлению эффективным кораблем, который, как он знал, срочное и важное не всегда были синонимами - его работа заключалась в расстановке приоритетов, обдумывании общей картины, в то же время доверяя подчиненным ему выполнять свою работу, как было обещано.

Большинство из нас, возможно, не являются президентом или даже компанией, но, поскольку мы стремимся продвинуться по жизни, те же рабочие привычки и системы, которые помогли нам достичь этой цели, не обязательно будут поддерживать нас там. Когда мы только начинаем или занимаемся небольшим временем, адаптация часто приходит к нам естественным путем.

Люди, как правило, уникальные личности, которые вносят коррективы на ходу в ответ на ситуации и иногда могут компенсировать дезорганизацию упорным трудом и некоторой удачей, но на крупных предприятиях это не поможет — это уничтожит вас, если вы не сможете расти. собраться и организовать.

Система Эйзенхауэра в Белом доме резко контрастирует с культовой автомобильной компанией Джона ДеЛореана после того, как он отделился от General Motors и начал производить автомобили в футуристическом стиле под своей собственной торговой маркой DeLorean Motor Company. Хотя его успех в ретроспективе может показаться кратким, его крах говорит о многом. Хотя сегодня мы могли бы ошибочно принять его за то, что он опережал свое время, взлет и падение Делориана остаются вечными: жаждущий власти нарцисс разрушает свое собственное видение, теряя при этом миллионы в пользу других.

ДеЛориан считал, что культура порядка и дисциплины в GM сдерживает его творческие способности, поэтому, когда он решил основать свою компанию, он намеренно нарушил все общепринятые представления и деловые практики, чтобы оторваться от нее. К сожалению, вместо создания свободно развивающегося творческого прибежища, который он себе представлял, возникла властно политическая, неблагополучная и даже коррумпированная организация, которая рухнула под собственной тяжестью, в конечном итоге поддавшись преступности, мошенничеству и потерям в 250 миллионов долларов - что далеко от первоначальной мечты Делориана. !

DeLorean потерпел неудачу и как автомобиль, и как компания из-за плохого управления сверху вниз; Сам Делориан в этом отношении особенно неэффективен по сравнению с Эйзенхауэром. Он работал без перерыва, не добившись положительных результатов.

Один из руководителей отметил, что Делориан «обладал способностью распознавать большие возможности, но не знал, как ими воспользоваться». Другой описал свой стиль управления как «погоню за разноцветными шариками», имея в виду, что он часто отвлекался от одного проекта и вообще отказывался от него ради другого. ДеЛориан был явно великолепен, но, к сожалению, одного этого часто бывает недостаточно.

Делориан невольно создал среду, в которой его эго вышло на свободу. Полагая, что дальнейший успех является его правом, он часто отказывался от таких понятий, как дисциплина, организация и стратегическое планирование; в результате сотрудники часто не получали достаточных указаний, в то время как в другое время они были перегружены тривиальными инструкциями из инструкций Делориана (то есть, что делегировало задачу людям, которым он доверял больше из-за слепой лояльности, чем компетентности или навыков), или часто опаздывали на работу, потому что сам Делориан мог никогда не делегируйте полномочия даже после того, как вас извинили за опоздание на работу из-за опоздания или озабоченности другими делами.

Руководителям разрешалось заниматься внеклассной деятельностью в рабочее время без каких-либо затрат для себя или компании; их специально поощряли заниматься побочными проектами, которые приносили пользу их боссу в ущерб бизнесу. ДеЛориан часто приукрашивал или фальсифицировал факты при общении с инвесторами.
Привычное пьянство распространилось среди офицеров и снабженцев по всей роте.

Делориан при принятии решений руководствовался чем-то иным, чем эффективность или ответственность; вместо того, чтобы пытаться улучшить или исправить систему GM, он, казалось, полностью нарушил порядок, что привело к хаосу, когда никто не следовал правилам, никто не нес ответственности и ничего не достигалось - Единственная причина, по которой все не рухнуло сразу, заключалась в том, что мастерские навыки Делориана в связях с общественностью поддерживали историю до тех пор, пока с производственных линий не начали сходить бракованные автомобили.

Здесь нет ничего удивительного; Компания DeLorean Motor так и не оправилась полностью от этого катастрофического выпуска своих автомобилей. Их машины не работали, стоимость единицы значительно превышала бюджет, дилеров не хватало, и они не могли доставлять машины тем, которые у них уже были; и день запуска оказался эпическим провалом! DeLorean Motor Company так и не восстановилась полностью.

Стать эффективным лидером может быть непросто! Кто знал?!

Делориану было трудно контролировать себя, что, в свою очередь, мешало ему контролировать других.

Так ему удалось провалить и себя, и саму мечту.

Управление? Награда за весь ваш творческий потенциал и свежие идеи? Или стать Человеком — это реальность, с которой вам в конечном итоге придется столкнуться? В конце концов мы все должны стать теми, кого когда-то отвергали как надзор взрослых, и вместо этого раздраженно реагировать, думая: «Теперь, когда я главный, все будет по-другому!»

Представьте себе Эйзенхауэра в качестве президента — он обладал огромной властью. Если бы он был неорганизован или небрежен в управлении делами, люди могли бы просто смириться с этим (до него было много таких президентов). Однако Эйзенхауэр понимал, что порядок и ответственность нужны больше его нации, чем ему самому. Вместо этого он сделал их своими приоритетами.

Трагедия Делориана заключалась в точности его идей; его машина была новаторской, его модель могла бы работать, и все его активы и талант могли бы успешно объединиться; к сожалению, именно его эго и связанная с ним дезорганизация не позволили этому случиться так, как это происходит со многими из нас.

По мере того, как ваша область прогрессирует и ваши обязанности меняются с успехом, ваши обязанности могут соответственно меняться. Со временем решения становятся все меньше связаны с действиями и больше связаны с созданием. Такова природа лидерства. Адаптация требует переоценки и обновления вашей личности, проявляя при этом некоторое смирение и отказываясь от некоторых аспектов предыдущей работы, которые были более приятными и приносящими удовлетворение. При внесении этих изменений требуется объективный взгляд на ситуацию, а это многим трудно сделать! Примите тот факт, что другие могут быть более квалифицированными или знающими в тех областях, в которых вы считаете себя компетентными; их время может быть потрачено на них лучше, чем ваше.

Да, это принесло бы нам больше удовлетворения и могло бы заставить нас чувствовать себя важными, если бы мы были вовлечены в каждую мелочь, а призвание тушить пожары было бы полезным и обогащающим. Хотя детали могут быть бесконечно интересными и часто лестными, общую картину зачастую трудно распознать; тем не менее, быть ответственным означает думать в целом, потому что кому-то нужен кто-то на руководящей должности, чтобы весь корабль шел гладко. Но кто будет это делать, не выходя за рамки своих обязанностей «босса»?

Не существует «правильной» системы; иногда децентрализованные структуры работают лучше, а иногда иерархии. Каждый проект и цель требуют своего индивидуального подхода, соответствующего его требованиям; возможно, вам лучше всего подойдет творческая, непринужденная обстановка; возможно, лучше всего будет вести свой бизнес удаленно, или, возможно, всем участникам будет полезно взаимодействовать напрямую.

Прежде чем ваша индустрия сожрет вас заживо, крайне важно, чтобы вы научились правильно управлять собой и другими. Микроменеджеры — эгоисты, неспособные эффективно контролировать других людей; как и харизматичные мечтатели, которым становится скучно, когда приходит время реализации. Но, пожалуй, хуже всего те, кто замыкает себя в изолированный пузырь подпевал, которые склонны убирать за ними и создавать иллюзорную реальность, которая удерживает их от реальности.

Подотчетность требует корректировок, большей ясности и целенаправленных целей.

Установите главные цели и приоритеты как для вашей организации, так и для жизни.

Эффективная стратегия, ориентированная на результаты, требует обеспечения соблюдения и контроля. Только тогда будет виден реальный прогресс.

По народному поверью, рыбы воняют с головы. Что ж, теперь ваша очередь — вы больше не невежда, а теперь несете ответственность за отпугивание потенциальных клиентов своим поведением!

# Глава 20: Опасайся меня

Гилель (HILLEL). Среди многих великих генералов союзников во Второй мировой войне были Паттон, Брэдли, Монтгомери, Эйзенхауэр, Макартур и Жуков; Джордж Паттон выделялся как впечатляющий участник.

Кэтлетт Маршалл-младший выделяется среди своих коллег-военных героев и лидеров тем, что служил и руководил с честью и храбростью.

Сегодня Вторая мировая война выглядит как неоспоримая война, в которой воевали добро и зло, однако с течением времени и побед мы потеряли связь с теми, кто был на правой стороне, кто так доблестно сражался, чтобы положить ей конец. Победа затмевает их человечность.

То есть: мы забываем все о политике, предательстве, погоне за вниманием, позерстве и жадности, которые были очевидны среди генералов союзников во время Второй мировой войны. В то время как другие генералы боролись за сферу влияния, конкурируя за свое место в истории, генерал Джордж Маршалл стоял особняком. Он не участвовал в таком поведении.

Маршалл незаметно затмил их всех своими впечатляющими достижениями, так в чем же был его секрет?

Пэт Райли был влиятельным тренером и менеджером, который курировал «Лос-Анджелес Лейкерс» во время своего пребывания на посту тренера/генерального менеджера.

Крис Бош, приведший «Майами Хит» и «Селтикс» к многочисленным чемпионствам, утверждает, что великие команды, как правило, следуют эволюционному процессу. Когда команды только формируются – еще до победы – они, как правило, начинают с невиновности. Если позволяют условия, члены команды собираются вместе, присматривают друг за другом и работают над достижением своей коллективной цели — того, что Бош называет «невинным восхождением». Однако как только начинается победа и внимание средств массовой информации начинает привлекать все больше внимания, эти простые связи начинают быстро разрушаться.

«Игроки переоценивают свою личную значимость; грудь раздувается; появляются разочарования и выходит на поверхность эго», — говорит Пэт Райли. Он утверждает, что «Невинное восхождение» почти всегда уступает место «Моей болезни». Он может поразить любую команду-победителя в любой год и любой момент с тревожной регулярностью.

Шак и Кобе не смогли играть вместе. Майкл Джордан жестоко напал на Стива Керра, Хораса Гранта и Уилла Пердью — членов его собственной команды! Более того, сотрудники Enron погрузили Калифорнию во тьму ради личной выгоды из-за отключений электроэнергии; сливал в СМИ информацию от недовольных руководителей в надежде сорвать проекты, которые им не нравились; утечка информации в СМИ в попытке заблокировать проекты, которые им не нравятся; а также негативная тактика, включая отрицание.

В нашей организации это может означать поддаться искушению поверить в то, что мы лучше или особенные; что наши проблемы и переживания настолько отличаются от всех остальных, что никто не может их понять. Такое отношение обрекло на гибель гораздо лучших людей, команды и дела, чем мы.

Генерал Маршалл представляет собой исключительное исключение в истории; начав свой срок на посту начальника штаба армии США в день вторжения Германии в Польшу в 1939 году и прослужив на протяжении всей Второй мировой войны, он избегал поддаваться этой тенденции и пристыжал тех, кто это делал.

История следует за ним на протяжении всего его профессионального пути, начиная с его сбалансированного отношения к рангу - чего больше всего в его профессии одержимо.

Он не уклонялся от публичной демонстрации своего ранга или статуса. Например, он потребовал, чтобы президент Трумэн называл его генералом Маршаллом вместо Джорджа (он это заслужил!). В то время как другие генералы регулярно добивались повышения по службе (Макартур поднялся по служебной лестнице во время Первой мировой войны благодаря энергичной поддержке своей матери), Маршалл активно препятствовал этой практике. Маршалл попросил тех, кто продвигал его на эту должность, остановиться, поскольку она делала его «слишком заметным в армии. только потому, что это звучало бы глупо, но также и потому, что это могло вызвать недовольство или затмить генерала Першинга, его тогдашнего наставника, который был при смерти и все еще давал советы и рекомендации.

Можешь представить? Его чувство чести требовало отказа от почестей, часто вместо этого отдавая их другим людям. Конечно, он хотел их, но правильно – более важным было осознать, что, хотя иметь их было бы неплохо, они не были необходимы; его эго нуждалось во внешней проверке для целей проверки, в то время как уверенность позволяла ему сосредоточиться на задачах, не беспокоясь о внешнем признании.

На первых порах нашей карьеры жертвовать может быть легче. Возможно, мы сможем отказаться от поступления в колледж и основать собственную компанию; или, альтернативно, нам, возможно, придется отказаться от престижных должностей на более поздний срок.
Как только мы достигаем успеха, возникает тенденция переключить наше мышление с «получить то, что принадлежит мне» на «я получаю то, что заслуживаю». Внезапно награды и признание стали иметь значение, хотя не они привели нас сюда; деньги, титулы, внимание средств массовой информации становятся важными ресурсами, которые нам нужны — не для команды или дела, а потому, что они представляют собой успех, которого мы заслужили сами.

Давайте внесем ясность: никто никогда не заслужил права быть жадным и преследовать свои интересы за счет других. Иное мышление будет лишь способствовать развитию эгоистического отношения, которое может закончиться только катастрофой для всех участников.

Маршаллу пришлось пройти суровое испытание. Работа, которой он обучался всю свою жизнь - командование войсками Дня Д в ходе того, что впоследствии стало одним из крупнейших скоординированных вторжений, когда-либо существовавших, - была доступна для захвата, однако Рузвельт ясно дал понять, что она может принадлежать ему. Рузвельту были нужны таланты Маршалла в День Д, если они того пожелают; в конце концов, генералов помнят по боевым подвигам, а не по административной работе в Вашингтоне; даже несмотря на то, что Маршаллу в тот момент чаще всего требовалось присутствие в Вашингтоне; поэтому Рузвельт хотел, чтобы он принял на себя командование; Маршалл отказался и в конечном итоге передал контроль Эйзенхауэру.

Эйзенхауэр оказался исключительным кандидатом на эту роль. Его выдающиеся действия помогли выиграть войну. Стоило ли отдать что-то еще?

Но мы часто отказываемся делать именно это — наше эго мешает нам внести свой вклад в служение какой-либо более крупной миссии, частью которой мы могли бы стать.

Что мы можем сделать? Готовы ли мы позволить кому-то получить преимущество над нами?

Шерил Стрэйд однажды посоветовала юному читателю: «Вы становитесь тем, кем станете; не совершайте ошибок, которые сделают вашу жизнь невыносимой. Одна из величайших ироний успеха заключается в том, что он способен превратить нас в людей, которыми мы никогда не хотели стать». Во-первых, «Моя болезнь» может испортить даже, казалось бы, невинные восхождения».

Маршалл столкнулся с генералом, который плохо с ним обращался, вынуждая его занимать малоизвестные должности в середине своей карьеры. Позже, когда Маршалл обогнал этого генерала и имел возможность отомстить, но вместо этого отказался от этого, потому что, несмотря на его недостатки, он видел, что Маршалл по-прежнему играет неоценимую роль для своей страны, и не хотел бы, чтобы она исчезла без него. Таким образом, за все свои усилия этот генерал не получил никаких похвал, а просто еще одну хорошо выполненную работу в качестве благодарности.

«Великодушный» — это слово, которое мы не часто слышим в наши дни, однако Маршалл был щедрым, всепрощающим и великодушным, потому что это было правильно по мнению таких высокопоставленных наблюдателей, как сам президент Рузвельт.
Президент Трумэн отметил, что генерал Маршалл выделялся среди других как в армии, так и в политике, потому что «никогда не думал о себе».

Маршалла приглашали для многих официальных портретов, которые требовали от него сидения. Появившись несколько раз и терпеливо выполнив все просьбы художника, Маршаллу наконец сообщили, что он может уйти вместе с ним, когда один портрет будет закончен и освобожден. Встав, Маршалл начал уходить, прежде чем его спросили: «Разве ты не хочешь увидеть мою картину?» Маршалл ответил, что не поблагодарил художника: «Нет, спасибо», прежде чем почтительно попрощаться и уйти.

Означает ли это, что управление изображениями не имеет значения? Нет. Когда вы только начинаете свою карьеру, управление имиджем может стать вашей главной целью; но по мере того, как ваша карьера развивается и вы добиваетесь большего успеха, вы можете осознать, что это больше отвлекает вас, чем что-либо еще: время, потраченное на общение с репортерами, программы награждений и маркетинг, отнимает у вас то, что действительно важно для вас и ваших близких.

У кого есть время или интерес рассматривать свои фотографии? Зачем беспокоиться?

Люди, которые считали Джорджа Маршалла скромным и тихим, не понимали его особых качеств: личности с чертами, схожими со всеми людьми, такими как корысть, гордость, достоинство и амбиции, но они уравновешивались смирением и самоотверженностью.

Привлекательная память сверстников сама по себе не так уж и плоха — это часть очарования жизни!

Тони Адамс метко выражает этот баланс в своей тренерской работе по футболу: Играйте за имя на передней части вашей футболки, и они запомнят ее название на обратной стороне.

Маршалл опроверг любое представление о том, что самоотверженность и честность являются слабостью или препятствием прогрессу, поскольку каждый человек живет в среде, созданной во многом благодаря его влиянию.

Зачем брать кредит? Кого это действительно волнует.

## Глава 21: МЕДИТАЦИЯ О БЕЗМЕРНОСТИ

Монахи — почитаемые и уважаемые люди, которые практикуют медитацию, чтобы оставаться в единении с природой и человечеством.

Джон Мьюир совершил свой первый визит на Аляску в 1879 году в качестве защитника окружающей среды и исследователя, исследуя ее фьорды и пересеченную местность для себя. На протяжении всего этого путешествия он не только ощутил ее красоту, но и получил представление о будущих планах освоения природных ресурсов.

Ледниковый залив был местом, где Мьюир впервые ощутил свою преобразующую силу; его любовь к природе всегда была сильна; но здесь, в уникальном летнем климате крайнего севера, казалось, что все в природе выстроено идеально; словно видел перед собой каждую экосистему и круг жизни. Мьюир был мгновенно тронут и начал чувствовать себя «согретым и оживленным в сочувствии ко всему, возвращенным в самое сердце природы, из которого мы все произошли». К счастью, он стал свидетелем и задокументировал в своем дневнике эту красоту – то, что с тех пор смогли повторить лишь немногие.
В этот момент он испытал то, что стоики называют симпатией — чувство связи с природой и ее более крупными циклами. Пьер Адо описал это как океаническое чувство — чувство части чего-то большего, осознание того, что «человеческие вещи — это бесконечно малая точка в необъятности космического времени и пространства». В такие моменты мы обретаем свободу, но нас привлекают важные вопросы: кто я, что я делаю и какую роль я должен играть в мире.

Ничто так не отвлекает нас от этих вопросов, как материальный успех: когда мы всегда заняты, в стрессе, в напряжении, когда от нас зависят или на нас полагаются. Или если наше эго говорит нам, что смысл приходит через деятельность; Быть в центре внимания как средство чувствовать себя важным и могущественным — это часть определения нас как людей.

Как только мы не чувствуем связи с чем-то большим или большим, чем мы, исчезает частичка нашей души и традиций, к которым мы когда-то принадлежали (будь то ремесло, спорт, братство/сестричество, семья). Эго становится препятствием между нами, красотой и историей мира, стоящим между нами и полностью переживающим жизнь.

Неудивительно, что успех кажется пустым; неудивительно, что мы чувствуем себя утомленными; нет причин для беспокойства по поводу того, что наша энергия со временем угасает;

Эксперимент: зайдите на древнее поле битвы или в место, имеющее историческое значение, и осмотрите его статуи; вы заметите, насколько похожи люди тогда и сейчас — за этот период вообще ничего не изменилось — с тех пор и с тех пор. Когда-то здесь стоял великий человек; здесь пожертвовала собой другая смелая женщина; злой богач жил и процветал в этом роскошном доме, что делает этот опыт все более реальным с каждым поколением... Это дает ошеломляющее ощущение, что другие были до вас на протяжении поколений...

В такие моменты наша жизнь приобретает огромную перспективу, которая оставляет эго далеко позади. Вместо этого мы остро осознаем фразу Эмерсона о том, что каждый человек является «цитатой всех своих предков», признавая наши корни и учась у них - что-то, что Мьюир нашел воодушевляющим во время исследования Аляски. Да, мы можем быть маленькими; тем не менее, каждая часть вносит свой вклад в формирование этой великой вселенной и процесса.

Нил де Грасс Тайсон метко формулирует эту двойственность. Можно одновременно оценить как их значимость, так и нерелевантность для Вселенной, о чем свидетельствуют их слова: «Когда я смотрю в космос, это заставляет меня осознать оба аспекта: глядя вниз, я знаю, что я маленький, но связанный - хотя никогда нельзя забывать, чья сторона здесь дольше». Почему так много великих лидеров и мыслителей на протяжении всей истории «уходили в пустыню» в поисках вдохновения, планов или опыта, которые изменили их жизнь? Просто потому, что, оставив повседневную жизнь позади, они обрели перспективу; получили понимание более широкой картины; заставили замолчать шум вокруг себя, чтобы услышать более тихий голос, который руководил их решениями, что, в свою очередь, навсегда изменило историю.

Творчество требует открытости и принятия, а не веры в то, что все вращается вокруг вас.

Когда мы избавляемся от своего эго, даже временно, мы можем получить доступ к тому, что остается рельефным, и, расширив нашу перспективу, можно будет ясно увидеть больше.

Поистине печально, насколько мы оторваны как от прошлых, так и от будущих событий. Мы забываем, что когда-то по Земле бродили шерстистые мамонты, пока строились пирамиды. Без нашего ведома Клеопатра жила гораздо ближе к нам, чем к строительству тех знаковых пирамид, которые отмечали ее царство. Британские рабочие, раскапывающие Трафальгарскую площадь для строительства Колонны Нельсона со знаменитыми каменными львами, нашли кости настоящих львов, которые бродили здесь всего несколько тысяч лет назад! Кто-то недавно подсчитал, что только шесть человек могут с течением времени связать Барака Обаму с Джорджем Вашингтоном. YouTube предоставляет нам видео, на котором мужчина появляется в эпизоде игрового шоу CBS 1956 года «У меня есть секрет», где также появилась Люсиль Болл, информирующая зрителей о его участии в Театре Форда, когда был убит Линкольн. Его секрет? Он был свидетелем этого воочию! Англия лишь недавно выплатила долги, накопившиеся еще в 1720 году из-за таких событий, как пузырь в Южных морях, наполеоновские войны, отмена рабства в Британской империи и картофельный голод в Ирландии; эти связи с событиями прошлых веков остаются ощутимыми и сегодня.

По мере того как наша сила или таланты возрастают, это может привести к тому, что мы будем думать, что мы особенные и живем в беспрецедентные времена. Это заблуждение усугубляется тем, что так много фотографий даже пятидесятилетней давности остаются черно-белыми; это заставляет нас предположить, что мир такой же темный. Но это было не так — небо у них было такое же, как наше (кое-где даже светлее!), они чувствовали боль так же, как мы, и щеки у них краснели так же, как у нас; мы такие же, как они, и всегда ими будем.

Мухаммед Али однажды заметил: «Трудно быть скромным, когда ты такой великий, как я», и именно поэтому великие люди должны еще усерднее работать над сохранением смирения. Самовнушение и высокомерие — естественные тенденции; Великие люди должны работать еще усерднее, чтобы дать отпор этим вызовам. Легко стать высокомерным, если ты уверен в своих способностях. Изолированная камера сенсорной депривации предлагает идеальные условия для достижения величия. Прогулка в одиночестве поздно вечером по пляжу, где бескрайний черный океан бьется о его берега, не может не вызвать смирения и уважения.

Мы должны активно искать космического сочувствия. Уильям Блейк так писал об этом в одном из своих знаменитых стихотворений: «Увидеть мир в песчинке и небеса в диком цветке и держать бесконечность в руке и вечность в час». !

Чувствуя себя уязвимым перед стихиями, силами природы или окружением, напомните себе, насколько бессмысленно сражаться и соревноваться с теми, кто вас окружает. Вместо этого воссоединитесь с бесконечностью и покончите со своим сознательным отделением от реальности, внимательно относясь ко всему, что вас окружает – вспомните, как много было раньше и как мало осталось сейчас.

Как только ваше чувство утихнет, сделайте еще одну дозу. Не ждите; сделай это сейчас.

# Глава 22: Сохраняйте трезвость

Успешное выращивание основывается на самых простых принципах.

Ангела Меркель бросает вызов большинству ожиданий относительно лидеров, особенно Германии. Она скромная и скромная. Она не делает громких заявлений или заявлений, как это делают большинство политиков.

Она не придает большого значения презентации или флеш-памяти. Она избегает пламенных речей; и у нее нет стремления к экспансии или доминированию - обычно она остается спокойной и сдержанной.

Ангела Меркель выделяется среди многих лидеров тем, что на нее не влияют эго, власть или положение; однако именно эта трезвость сделала ее таким популярным лидером, продержавшимся три срока, и влиятельной силой, выступающей за свободу и мир в современной Европе.

Говорят, что на уроке плавания для девочек Меркель стояла на трамплине и обдумывала, спрыгнуть ли с него, думая про себя, делать это или нет. Прошли минуты; время шло все дальше, пока, наконец, как только не зазвенел звонок, обозначающий конец урока, она прыгнула. Был ли это страх или просто предупредительное поведение? Много лет спустя, когда кризис поразил Европу, она напомнила лидерам: «Страх не советчик». Будучи ребенком на трамплине, она хотела, чтобы каждая секунда была доступна для принятия решений, а не поддавалась безрассудству или страху.

На первый взгляд можно предположить, что люди добиваются успеха только благодаря энергии и энтузиазму. Однако иногда эго может сыграть неотъемлемую роль в «достижении успеха». Возможно, ваша властность помогла вам продвинуться туда, но сможет ли она продержаться еще несколько десятилетий?

Ответ: Нет. Наше эго говорит нам, что мы непобедимы, полагая, что мы обладаем неограниченной силой, которая никогда не рассеется. Однако величие требует чего-то другого – энергии без границ?

Меркель олицетворяет притчу Эзопа о черепахе и зайце; она медлительна и устойчива, как говорил о нем сам Эзоп. В ту ночь, когда рухнула Берлинская стена, ей было тридцать пять. На тот момент у нее был один ребенок.

После того, как она заканчивала пить и возвращалась домой спать, на следующий день она вставала рано и приходила на работу, как было запланировано. Спустя годы она работала над тем, чтобы стать уважаемым, но малоизвестным физиком, прежде чем в свои пятьдесят лет пришла в политику; в конечном итоге стать канцлером - долгий и уверенный путь.

Однако большинство из нас хотят добиться успеха быстро и без промедления, не терпя ожидания в очереди за повышением. Когда мы достигаем вершины, мы часто ошибочно принимаем, что эго и энергия необходимы для ее поддержания, но это не так.

Президент России Владимир Путин однажды попытался запугать Меркель, позволив своей большой охотничьей собаке ворваться на встречу (говорят, что она не любит собак), однако она не дрогнула и позже пошутила по этому поводу, в результате чего он выглядел глупо и неуверенно. С момента своего избрания на пост лидера Меркель последовательно сохраняла равновесие и сохраняла ясную голову, несмотря на любые стрессы и стимулы вокруг нее.

В своей ситуации Меркель проявила смелость, действуя решительно, а не реагируя гневно или рисуя линии на песке; такие ответы часто в конечном итоге скорее усиливают напряжение, чем снимают его. Вместо того, чтобы действовать по нашему эго, предпринимая силовые действия против другой партии, Меркель продемонстрировала твердость, ясность, терпение и была готова пойти на компромисс, не уступая ни одному принципу, поставленному на карту. Слишком многие люди вообще упускают из виду этот факт!

Это трезвость; это значит взять себя под контроль.

Она не стала самой влиятельной женщиной в западном обществе случайно; скорее, она удерживала этот титул в течение трех сроков, используя эффективную формулу.

Марк Аврелий хорошо это понимал. Погрузившись в политику почти против своей воли, он служил римскому народу с подросткового возраста до смерти, занимая все более высокие должности, постоянно занимаясь апелляциями, войнами, законами и милостями, которые он мог предоставить. Маркус стремился избежать того, что он называл «империализацией», пятна абсолютной власти, опозорившего предыдущих императоров; для достижения этой цели он сам написал, что должен «бороться за то, чтобы стать тем, кем философия пыталась превратить вас».

Говорят, что дзэн-философ Зуиган часто использовал эту практику, обращаясь к себе:

"ВЛАДЕЛЕЦ--"
"ДА СЭР?"
Затем он заявлял: «СТАНЬ ТРЕЗВЫМ» и подтверждал свою готовность словами «ДА, СЭР? (Да, сэр?) (Да, сэр?), прежде чем закончить словами:

«Не позволяйте другим вводить вас в заблуждение.

Сегодня мы могли бы добавить к этому: «Да, сэр».

«Не дайте себя обмануть, получив признание или имея деньги на своем банковском счете», — гласит важная цитата Уильяма Джеймса:

Борьба с трезвостью требует усилий. Мы должны упорно бороться со всеми влияниями, борющимися за наше внимание, и оставаться трезвыми.

Шелби Фут отметила, что «власть не развращает как таковая; скорее она фрагментирует, закрывает варианты и гипнотизирует. Эго может затуманить ваш разум именно тогда, когда ясность больше всего необходима, что делает трезвость эффективным лекарством — или, еще лучше, профилактикой — методом. .

Как известно, Меркель заявила, что другие политики могут быть смелыми и харизматичными; вместо этого она предпочитает рациональный анализ. Ее научный опыт здесь, безусловно, помогает – многие политики со временем могут стать тщеславными; Меркель больше заботит результат, чем имидж; даже одна немецкая писательница в честь ее пятидесятилетия заметила, что неприхотливость была ее главным оружием.

Дэвид Хальберштам сделал такое наблюдение о тренере «Патриотов» Билле Беличике, обсуждая его для статьи Хальберштама, отметив его презрение к шипению в целом и его влияние на Беличика, а также на Меркель: эти лидеры знают, что стейк выигрывает в играх и двигает нации вперед, в то время как шипение создает препятствия. к принятию обоснованных решений о том, кого следует продвигать по службе, какие игры проводить, получать отзывы или к какому вопросу следует обратиться.

Европе Черчилля требовался один тип лидера, тогда как сегодняшний взаимосвязанный мир требует другого типа. Поскольку существует так много информации и конкуренции, требующих сортировки, а также изменений, которые требуют эффективного управления без эффективного лидера, все потеряно без ясного мышления и руководства со стороны таких лидеров, как Черчилль.

Трезвость без эго не предполагает воздержания от наркотиков и алкоголя, но в ее практике определенно присутствует элемент сдержанности и устранения – отсутствие зацикленности на своем имидже; относиться с презрением к людям ниже или выше вас; требовательные к первоклассным атрибутам и звездному обращению; или заниматься такими действиями, как ярость, драки, прихорашивание, выступления, господство над собой, снисходительность или восхищение собой с гордыми комментариями типа: «Ух ты, этот человек действительно потрясающий».

Трезвость должна служить противовесом успеху, особенно если ситуация продолжает улучшаться.

Как отметил Джеймс Бэсфорд, необходима сильная конституция, чтобы противостоять последовательным волнам процветания – и именно в этом мы находимся сегодня.
Есть старая поговорка: чтобы жить счастливо, нужно жить за закрытыми дверями. Хотя это может быть правдой для некоторых людей, это означает, что нам не хватает хороших примеров, таких как Ангела Меркель, представляющая подавляющее молчаливое большинство общественности.

Не то чтобы мы часто верили тому, что видим по телевизору, но на самом деле есть успешные люди, живущие скромной жизнью в скромных квартирах, как Меркель. Они ведут нормальную личную жизнь со своими супругами (Меркель пропустила свою первую инаугурацию). В их жизни нет искусственности; они носят обычную одежду. Именно по этой причине большинство успешных людей остаются для вас неизвестными – вот что для них значит успех!

Соблюдение трезвости помогает им более эффективно выполнять свои обязанности.

# Глава 23: ЭГО ЧАСТО ВРАГ В ЖИЗНИ...

Теперь доказательства представлены, и вы должны принять решение.

Теперь вы на вершине, что вы открыли? Насколько сложно и сложно им управлять. Может быть, вы думали, что, когда вы приедете, все станет проще; к сожалению, не так.

Вместо этого он оказался более сложным — совершенно другим зверем. Вы обнаружили, что эффективное управление собой, чтобы продолжать добиваться успеха, требует постоянной бдительности.

Аристотель слишком хорошо понимал борьбу между эго, властью и империей. Возможно, его самым известным учеником был Александр Македонский; под руководством Аристотеля в рамках своего образования Александр завоевал все известные территории на Земле. Хотя Александр был в равной степени храбрым и блестящим, он все же проигнорировал один ключевой урок Аристотеля. Это может объяснить его смерть в возрасте тридцати двух лет, возможно, результатом действий внутренних сил, которые, наконец, сказали, что хватит - вероятно, убиты военнослужащими его собственных вооруженных сил, которые наконец сказали, что хватит!

У Александра были большие амбиции; к сожалению, он не смог полностью признать «золотую середину» Аристотеля. Аристотель часто говорил о добродетели и совершенстве как о точках континуума, подобно смелости, лежащей между трусостью и безрассудством в любой крайности. Щедрость была еще одной характеристикой, которую ценил Аристотель, и которая должна избегать расточительности или бережливости, если она хочет оставаться полезной; в противном случае мы рискуем впасть в опасные крайности; без нахождения этой точки равновесия (Аристотель называл ее золотой серединой) совершенство становится почти невозможным; «в каждом случае требуется тяжелая работа, чтобы найти его эквивалент; например, только знающие люди могут найти его середину».

Мы можем использовать золотую середину, чтобы направлять как наше эго, так и наше стремление к достижениям.

Амбиции приходят легко; любой может сильно нажать на газ. Самоуспокоенность также приходит быстро; просто снимите с него ногу, и мы

должны избегать того, что бизнес-стратег Джим Коллинз называет
«недисциплинированными амбициями».
«Стремление к большему» и самоуспокоенность, вызванная аплодисментами,
могут привести к самоуспокоенности. Аристотель выразил это лучше всех:
труднее всего оказать достаточное давление в нужный момент, на достаточное
время, используя подходящие транспортные средства, в соответствии с нашими
желаемыми пунктами назначения и в нужный момент времени.

Если этого не сделать, это может иметь серьезные последствия.

Наполеон, как известно, цитировал, что когда люди с большими амбициями
ищут счастья, они вместо этого находят славу. Эта цитата означала, что каждая
цель потенциально может вести нас по пути к осуществлению; но когда эгоизм
берет верх, мы часто теряем это намерение и непреднамеренно оказываемся в
другом месте. Эмерсон позаботился о том, чтобы в своем знаменитом эссе о
Наполеоне он подчеркнул, как вскоре после смерти Наполеона Европа
вернулась к тому, что было до начала его стремительного взлета; все эти смерти,
усилия, жадность, почести были напрасны так же быстро, как быстро рассеялась
его слава, как артиллерийский огонь. Эмерсон писал, что даже быстро
затихший дым от огневой мощи наполеоновской артиллерии быстро рассеялся,
как он писал; точно так же, как дым от его артиллерийской огневой мощи
быстро рассеялся, без каких-либо существенных изменений после его резкого
подъема - он быстро исчез, как будто его артиллерийская огневая мощь быстро
исчезла, как был потушен дым с его артиллерийской огневой линии.

Сегодня Говард Хьюз может показаться вдохновляющим индивидуалистом, но
он не всегда был доволен. На пороге смерти один из помощников Хьюза
пытался его утешить: «Какую невероятную жизнь вы прожили», - сказали они.
На этот комплимент Хьюз ответил в типичной манере; с печальной
уверенностью человека, чье время явно пришло. Если бы кто-нибудь
когда-нибудь поменялся с ним местами в жизни, он сказал: «Если бы это была
какая-то другая неделя, кроме моей, вероятно, потребовал бы поменяться
местами».

Нам не нужно идти по их стопам; вместо этого мы понимаем, какие решения
необходимо принять, чтобы избежать позорного, даже трагического конца:
защищать нашу трезвость, отвергать жадность и паранойю, оставаться
скромными, оставаться связанными с обществом в целом, подключаться к более
крупным мировым проблемам и т. д.

Однако процветание не гарантирует само себя; жизнь во многом сговаривается против нас, и природа возвращает все к естественному равновесию. Спорт – одна из таких сфер; после победного сезона график становится сложнее, а менее успешные команды получают лучшие выборы на драфте; при ограничении зарплат становится еще труднее сохранять единство команд; налоги растут вместе с вашим доходом, поскольку общество добавляет обязательства; средства массовой информации нападают на тех, кого освещали раньше, а сплетни становятся платой за славу: он пьян; она гей; Он лицемерно поддерживает ее деятельность, в то время как она действует против нее; толпы одинаково поддерживают проигравшего, а не победителя, создавая неравный обмен, который поощряет истинных победителей, а не следует за ними обоими время от времени.

Жизнь полна правдивых реалий; кто мог позволить себе отказать им? Вместо того, чтобы позволять власти превращать нас в самообманных дураков и принимать то, что у нас есть, как должное, было бы разумнее посвятить часть нашего времени и энергии планированию неизбежных жизненных изменений, таких как невзгоды, трудности или неудачи.

Развороты и регрессии являются неотъемлемой частью жизненного цикла.

Но мы можем справиться и с этим.

# Глава 24: Провал

Провал неизбежен для бизнеса, если его текущая модель не адаптируется достаточно быстро.

Здесь мы переживаем испытания, присущие любому путешествию. Возможно, мы потерпели неудачу, или наши цели оказались труднее достичь, чем предполагалось. Никто не добивается постоянного успеха с первой попытки; на этом пути случаются неудачи. Эго может оставить нас неподготовленными к этим обстоятельствам, зачастую в первую очередь способствуя им. Чтобы снова подняться после этих неудач, нам нужна переориентация и повышение самосознания, а не жалость к себе или кому-либо еще. Чтобы снова встать на ноги, нам нужны целеустремленность, уравновешенность и терпение, а не какая-либо форма жалости к себе с любой стороны.

Поскольку люди склонны более глубоко сопереживать нашей радости, чем нашему печали, понятно, почему люди предпочитают хвастаться своим богатством, чем признавать свою бедность. Нет ничего более обескураживающего, чем необходимость показать свое горе перед всем человечеством, несмотря на то, что мы прекрасно знаем, какое бремя мы несем в одиночку.

Кэтрин Грэм провела большую часть первой половины своей жизни, знакомясь со всеми аспектами жизни. Ее отец Юджин Мейер был опытным финансовым инвестором, сколотившим состояние на торговле акциями; в то время как ее мать, Хелен Мейер, была одновременно красивой и умной светской львицей. Кэтрин была свидетельницей всего этого, прежде чем стать одной из трех детей в элитной школе в Чикаго. В результате Кэтрин впитала в себя большую часть того, что происходило вокруг нее, когда она стала взрослой.

У Кэтрин было все — лучшие школы и учителя, большие дома со слугами, обеспечивающими ей комфорт, и горничными, обслуживавшими ее нужды.

В 1933 году отец Кэтрин Грэм купил газету Washington Post, тогда переживавшую трудности, но важную, которую он затем начал выпускать. Кэтрин тоже проявила к нему интерес и в конечном итоге унаследовала его, когда стала старше, а затем передала управление Филиппу Грэму, своему столь же впечатляющему мужу.

Без сомнения, это была легкая жизнь; По ее словам, она была довольна тем, что была хвостом воздушного змея своего мужа (и родителей).

Фил Грэм вскоре изменился, его поведение становилось все более неуправляемым; он начал сильно пить, принимать рискованные деловые решения, которые они не могли себе позволить, заниматься романами, публично унижать жену перед всеми, кого они знали, публично унижать ее перед друзьями... Звучит знакомо? К сожалению нет; Фил перенес серьезное психическое расстройство, которое Кэтрин пыталась вылечить, но в конечном итоге привело к тому, что он покончил с собой из охотничьего ружья, пока она дремала по соседству.

Кэтрин Грэм была назначена руководителем компании Washington Post в 46 лет, несмотря на отсутствие опыта работы и подготовки к такой должности. Неподготовленная и робкая по натуре, Кэтрин, тем не менее, сумела с некоторыми трудностями и умением вести дела вперед.

Хотя события Грэма трагичны, они не были беспрецедентной катастрофой; несмотря на все это, она оставалась богатой, белой и привилегированной. Однако эти события были не тем, что Грэм ожидала от жизни; неудача относительна и уникальна для каждого из нас; жизнь часто играет с нашими планами так, как мы не ожидали – иногда один или несколько раз!

Как однажды заметил финансовый философ и экономист Джордж Гудман, финансовые рынки часто напоминают изысканный шар, полный игристого шампанского из каждого бокала и тихого смеха, наполняющего летний воздух. Мы знаем, что в любой момент черные всадники ворвутся в двери террасы, сея хаос и разбрасывая тех, кто остался стоять; те, кто уходит раньше, в безопасности; но никто не хочет уходить, пока еще есть время, что вызывает у всех вопрос: «Который час? Но ни на каких часах нет стрелою».

Он говорил об экономических кризисах, но его слова с таким же успехом можно было бы применить и к нашей жизни в целом. Кажется, все в порядке: достижение какой-то большой цели или, наконец, получение ее плодов; пока судьба не вмешается. Если успех опьяняет наше эго, неудача может иметь разрушительные последствия, приводя к падениям и мелким неприятностям, выходящим из-под контроля. Если бы наше эго когда-либо было препятствием на пути к достижению нашей мечты.

Неудача может быть чем-то большим, чем просто неприятным побочным продуктом успеха; это может даже оказаться фатальным.

Независимо от того, как их называют, проблемы бывают самых разных форм и размеров – от саботажа и несправедливости, испытаний и трагедий до испытаний, которые нам приходится переносить в повседневной жизни. Они никогда не бывают легкими и иногда заставляют нас колебаться (в то время как другие кажутся более выносливыми), но каждый человек должен выдержать это испытание, несмотря ни на что.

Эта судьба предначертана нам так же, как она была написана пять тысячелетий назад Гильгамешу:

Ему предстоит столкнуться с неизвестной и неизвестной битвой, вести тяжелую борьбу, не имея ни малейшего представления о том, где проходят линии фронта.

Он поедет по неизвестному маршруту.

Кэтрин Грэм быстро узнала об этом. Приобретение газеты оказалось лишь началом продолжающейся череды трудных и болезненных переживаний, которая длилась почти два десятилетия.

Томас Пейн, обсуждая Джорджа Вашингтона, заметил, что в некоторых умах существует врожденная жесткость, которую нельзя сломать пустяками, но которая, будучи освобождена от такой неподвижности, дает огромную силу духа - то, чем Грэм, похоже, определенно обладает.

Когда Грэм приступила к своей новой руководящей должности, она быстро обнаружила, что консервативное правление является препятствием. Они были покровительственными и избегали риска; это сдерживало прогресс компании. Чтобы добиться успеха, Грэм должна найти свой собственный голос, а не подчиняться мнению окружающих, как она делала раньше. В конце концов стало очевидно, что ей нужен новый исполнительный редактор; вопреки их совету, вместо этого Грэм выбрал неизвестного молодого выскочку. Эта стратегия оказалась успешной.

Грэм знала, что это плохо кончится, когда она получила партию украденных правительственных документов, которые редакторы The Post хотели опубликовать, несмотря на постановления суда, запрещающие их распространение. Грэм проконсультировалась со своими юристами, а затем с советом директоров, прежде чем в конечном итоге согласилась с их публикацией. Все советовали ей не публиковать их, опасаясь, что это может поставить под угрозу IPO или привлечь компанию к судебным разбирательствам на долгие годы. Однако, несмотря на советы, она решила опубликовать их, рискуя подвергнуться судебному преследованию –

беспрецедентное решение, не имеющее особых прецедентов в истории. Вскоре после этого расследование The Post ограбления со взломом в штаб-квартире Национального комитета Демократической партии с использованием анонимного источника грозило столкнуть газету с президентом Клинтоном и влиятельной элитой Вашингтона, а также поставить под угрозу лицензии, необходимые для принадлежащих им телевизионных станций. В какой-то момент Джон Митчелл, генеральный прокурор, лояльный Никсону, предупредил, что Грэм переборщила и ей грозит опасность, что ее «сиська» «попадется в большую толстую выжималку». Помощник хвастался, что Белый дом рассматривает способы еще больше навредить газете Грэма; поставьте себя на место Грэма: самый влиятельный офис в мире теперь явно разрабатывал стратегию, как нанести наиболее серьезный ущерб Посту?

Грэма отправили на переговоры с инвестором, который начал агрессивно скупать акции в 1974 году, что отпугнуло членов совета директоров, поскольку это могло привести к попытке враждебного поглощения, и были обеспокоены тем, что это может поставить под угрозу газету Post. Грэм предпринял шаги, чтобы разобраться с ними. В следующем году профсоюз полиграфистов ее газеты начал агрессивную забастовку. Члены профсоюза даже носили футболки с надписью «Фил застрелил не того Грэма». Она решила не придерживаться этой тактики и бороться с забастовкой в лоб; поэтому они сражались и победили. Однажды в четыре часа утра раздался срочный телефонный звонок: профсоюзные активисты предприняли действия против оборудования компании, напали на невиновного сотрудника и подожгли одну из типографий. Обычно во время забастовок типографий конкуренты вмешиваются, чтобы помочь другим газетам, предоставив расходные материалы.
Конкуренты Грэма отказались, что стоило газете Post 300 000 долларов ежедневного дохода от рекламы.

Впоследствии несколько крупных инвесторов начали распродавать свои акции Washington Post Company, по-видимому, потеряв веру в ее перспективы. Под давлением инвестора-активиста, с которым она встречалась ранее, Грэм решила потратить огромные суммы денег на выкуп своих акций на публичных рынках — беспрецедентная рискованная стратегия в то время.

Грэм упорно преодолевал все эти трудности и в конечном итоге добился положительных результатов, которых никто не мог предвидеть.

Утечка документов Кэтрин Грэм стала известна как «Документы Пентагона» и стала одним из определяющих моментов в журналистике. Их освещение Уотергейта привело в ярость Белый дом президента Никсона, навсегда изменило американскую историю и привело к ее падению. Газета также получила Пулитцеровскую премию. То, что многие считали ее кошмарным инвестором, оказалось не кем иным, как самим Уорреном Баффетом, который стал не только ее бизнес-наставником, но и огромным защитником ее компании (его инвестиции в конечном итоге превратились в миллионы). Она одержала победу на переговорах с профсоюзом и в конце концов прекратила забастовку, став одним из двух главных газетных издателей Вашингтона, купив своего главного конкурента («Стар»). Кроме того, ее спорные выкупы акций, совершенные вопреки как деловой мудрости, так и рыночным условиям, принесли компании миллиарды.

Грэм выстоял, несмотря на трудные времена, ошибки в суждениях, повторяющиеся кризисы, неудачи и атаки, но в конечном итоге добился успеха. Если бы вы вложили 1 доллар в IPO ее Post в 1971 году, к 1993 году он стоил бы 89 долларов — по сравнению с 14 долларами для ее отрасли и 5 долларами для S&P.

Беатрис Амоако считается не только одной из самых успешных женщин-руководителей своего поколения и первой, кто возглавил компанию из списка Fortune 500, но и одним из величайших генеральных директоров за всю историю.

В молодости Грэм пережила то, что можно было бы назвать боевым крещенисм. Она столкнулась с трудностями, с которыми не была готова справиться – иногда ей даже казалось, что продать все это богатство было бы для нее лучше! Грэм не была причиной самоубийства своего мужа, но ей пришлось продолжать жить без него. Хотя никто не спрашивал об Уотергейте и документах Пентагона, ей пришлось разобраться в их взрывном характере. В то время как другие продолжали совершать покупки и слияния в восьмидесятые годы, Грэм решила не следовать этому примеру: вместо этого она удвоила усилия на себя и свою компанию, несмотря на то, что Уолл-стрит считала ее слабаками; много раз она могла бы пойти более простым путем, но вместо этого выбирала трудный путь.

На каждом шагу случаются неудачи и неудачи. Билл Уолш отмечает: «Почти всегда ваш путь к победе проходит через места, называемые неудачами». Чтобы снова добиться успеха, нам необходимо понять, что привело к этим трудным моментам (или годам) трудностей – что пошло не так и почему – а также эффективно справиться с нашей ситуацией, чтобы выйти из нее – принимая то, что происходит, одновременно продвигаясь вперед. через. Грэм пережила большую часть своих трудностей в одиночестве и слепо прощупывала свой путь вперед; Грэм боролась со всем в одиночку и в одиночестве, пока, в конце концов, не обнаружила в себе талант: способности, которыми она обладала, которые помогали ей преодолевать трудности - то, чего Грэм никогда полностью не переживала, несмотря на то, что большую часть своих трудностей она была одна, когда она начала видеть свой потенциал внутри себя и ее путешествие началось с того, что она пыталась пройти свое путешествие в одиночку, слепо прощупывая свой путь вперед и проталкиваясь через свой опыт, столкнувшись с неизвестной силой: она сама в поисках своего таланта и ничего не зная о своих сильных сторонах или способностях. Грэм сделала это одна и была оставленный один при столкновении с трудностями; ей было мало или вообще не к кому обратиться, и она обнаружила, что медленно движется по своему собственному пути, в то время как она оказалась в одиночестве, пытаясь найти свой собственный путь к успеху, несмотря на то, что она боролась одна внутри себя, пока однажды она не начала продвигаться вперед, пока ее путешествие не началось делала шаги вперед, пока, в конце концов, не нашла свое путешествие в одиночку, чтобы пройти через них, пока, в конечном итоге, не добилась прогресса вперед... только тогда собственные усилия Грэм, слепо прощупывая. Одиночество в путешествии Грэма подталкивало его вперед. Направление Грэма только выясняется. В своем путешествии она чувствовала себя одинокой, хотя слепо чувствовала себя такой же, как она; часто слепо пыталась совершить свое личное путешествие в одиночку, пока, наконец, не оказалась в одиночестве. Грэм нащупала ее путь. Она слепо нащупывала свой путь. Путешествие Грэма. Она слепо и чувствовала, что ей одной двигаться вперед... Грэм.

Эрин осталась искать ответы после того, как попала в неожиданно сложную ситуацию, в которой она никогда не ожидала оказаться. Ее история показывает, что даже когда мы делаем все возможное и действуем этично, жизнь все равно может ускользнуть от нас и подбросить нам неожиданные поворотные моменты. способ.

Люди часто думают, что неудача приходит к тем, у кого грандиозное эго, кто сам ее искал; Никсон заслужил свое падение; Грэм? Однако в то время как плохие люди могут обрекать себя на неудачу (или другие люди их подводят), хорошие люди часто также испытывают неудачи изнутри или снаружи. И жизнь часто не относится ко всем одинаково — это просто жизнь для вас.

Эго наслаждается идеей о том, что что-то должно быть справедливым или несправедливым, а психологи называют это явление «нарциссической травмой». Когда мы воспринимаем лично объективные события, которые не имеют никакого отношения к нам лично (например, когда наше самоощущение хрупко и постоянно зависит от того, как жизнь идет по нашему пути), независимо от того, входит ли ваша проблема в вашу ответственность или нет; сейчас важно то, как вы решаете свои текущие проблемы; Грэм не стала причиной ее неудачи, но если бы она у нее была, это могло бы помешать будущим успехам когда-либо повториться. Неудача часто приходит без приглашения, но слишком многие из нас позволяют неудаче оставаться в нашем эго, позволяя ей оставаться с нами дольше, чем это необходимо.

В чем нуждался Грэм во время всей этой суматохи? Ей нужна была сила, а не высокомерие. Ей нужна была уверенность и готовность с достоинством переносить трудности, а также внутреннее чувство добра и зла, цели и долга – не ради себя, а ради служения наследию своей семьи, защиты газеты и хорошего выполнения своей работы.

А вы? Будет ли ваше эго мешать, когда ситуация станет сложной, или вы сможете двигаться вперед без него?

Столкнувшись с трудностями, особенно с трудностями публичными (сомневающиеся, скандалы и потери), наш друг эго полностью раскроет себя. Предполагая отрицательную обратную связь, наше эго говорит: «Я знал, что ты не сможешь этого сделать, так почему ты вообще пытался?» Мы можем чувствовать давление со стороны других или самих себя, чтобы не добиться прогресса, однако наше эго говорит нам, что мы не должны мириться с такими вещами, и является индикатором того, что мы можем быть частью проблемы, а не решением.

То есть каждая полученная вами травма усугубляет свои симптомы и приводит к еще большему членовредительству.

Эпикур пишет о тех, кто склонен к нарциссизму, как о людях, живущих в «городе без стен», с их хрупким чувством собственного достоинства, постоянно находящимся под угрозой, а иллюзии или достижения больше не служат защитными механизмами, когда тренированные усики постоянно бомбардируют ваше хрупкое равновесие сигналами, которые ему угрожают. .

Бедная жизнь неприемлема и неустойчива.

Можете ли вы представить себе его разочарование после всех его изменений и тяжелой работы? После того, как вы сменили некомпетентного тренера, который был до него, только для того, чтобы в первый год вашего пребывания на посту главного тренера/гроссмейстера получить результат 2–14? Большинство из нас будут винить в этом кого-то другого!

Уолш признал, что ему нужны доказательства того, что в других местах ситуация меняется; для него это означало наблюдение за тем, как проводятся игры, принимаются хорошие решения и происходят изменения внутри организации. Два сезона спустя они одержали свою первую победу в Суперкубке; Следующие победы последовали через два сезона; Должно быть, на дне они казались далекими, поэтому вы должны иметь возможность смотреть сквозь них.

Гете отмечал, что одна из величайших ошибок, которую можно совершить, — это воспринимать себя больше, чем они есть на самом деле, при этом недооценивая себя на равном уровне. Одним из способов, которым Кэтрин Грэм продемонстрировала эту концепцию, был обратный выкуп акций во время ее руководства CBGB в 1977-88 годах. Обратный выкуп акций может быть спорным, поскольку он часто исходит от компаний, переживающих стагнацию или снижение роста, и поэтому представляет собой невероятное заявление против рыночной оценки: это настолько радикально неверно оценивает нас и явно не дает понимания того, где находится наше будущее, что они должны использовать деньги компании. в этой игре, чтобы убедить их.

Слишком часто нечестные или эгоистичные руководители покупают акции компаний, чтобы искусственно повысить их цену, в то время как робкие или слабые руководители никогда не решаются рисковать ради себя. Грэм вынес разумное оценочное суждение; с помощью Баффета она могла оценить прибыль.
Кэтрин Грэм объективно признала, что рынок не осознает истинную ценность активов ее компании. Она знала, что репутационные удары, кривая обучения и снижение цен на акции — все это способствовало снижению курса акций, что уменьшило как ее личное благосостояние, так и создало огромные возможности для компании. За короткий период Кэтрин Грэм приобрела почти 40% акций за долю от их стоимости позже; одна акция, которую она купила примерно за 20 долларов, менее чем за 10 лет в конечном итоге стала стоить более 300 долларов!

Грэм и Уолш использовали внутренние показатели, которые позволяли им измерять и оценивать свой прогресс, в то время как окружающие были сосредоточены на воспринимаемых признаках неудачи или слабости.

Это то, что направляет нас в трудные времена.

Дом вашей мечты, работа и возможности могут ускользнуть у вас из рук; кто-то может перебить вашу цену за них — завтра, через 25 лет, через две минуты или через 10 лет — точно так же, как они сделали это со всеми остальными. Неудачи и невзгоды являются частью жизни, но это не освобождает нас от ответственности; все тоже с ними сталкиваются.

Как красноречиво выразил это Плутарх: «Будущее стоит перед каждым из нас со всеми его неизвестными рисками; наш единственный выход — противостоять этому лицом к лицу».

Смиренные и сильные люди не страдают от таких страданий, связанных с трудностями, как эгоисты; гораздо меньше жалоб и меньше самосожжений; вместо этого есть стоическая устойчивость, которая позволяет им лучше справляться, не нуждаясь в постоянном подтверждении со стороны других. Жалость также не нуждается в проявлении; их идентичность не угрожает им, поэтому их устойчивость позволяет им прекрасно обходиться без нее.

Достижение этой цели выходит далеко за рамки простого успеха: важно уметь быстро адаптироваться, когда жизнь бросает нам вызов.

Как мы упорствуем.

# Глава 25: Живи или умри!

Жить, не теряя времени. (Никогда не тратьте ничего из этого.)



Малкольм Икс когда-то был преступником, хотя и не под своим нынешним прозвищем «Малкольм Икс». Вместо этого в то время его называли Детройтским Красным, и он действовал как возможный преступник с некоторыми связями в Детройте и других местах.

Он пробовал свои силы во всем: управлял цифрами, продавал наркотики и работал сутенером, прежде чем перешел к вооруженному грабежу со своей собственной бандой грабителей, которой он управлял железной рукой, используя как запугивание, так и смелость в качестве инструментов доминирования - эксплуатируя этот факт, он был Я не боюсь убить или умереть сам.

Наконец, его поймали при попытке продать украденные дорогие часы, хотя в тот момент у него был пистолет. Однако, надо отдать ему должное, он не предпринял никаких действий против тех, кто держал его в плену, и не отбился от них; внутри его квартиры находились драгоценности, меха, целый арсенал оружия и все инструменты для взлома.

За свое преступление он получил десять лет; Это был февраль 1946 года, и Малкольму Иксу только что исполнился двадцать один год. Даже принимая во внимание любые системные правовые несправедливости того времени, Малкольм Икс был виновен; он заслужил свой приговор в тюрьме.

Кто знает, кого бы еще он ранил или убил, если бы продолжил свой преступный путь?

Всякий раз, когда за ваши действия вас приговаривают к длительному тюремному заключению – будь то в результате суда или осуждения, – что-то пошло не так. Не только вы подвели себя, но и общество тоже, как это было в случае с Малкольмом.

Он провел за решеткой почти 10 лет. Теперь он был там, просто еще один номер, которому больше негде было быть.

Роберт Грин (чьи книги позже были запрещены во многих федеральных тюрьмах) придумал эту идиому: сценарий «Живое время или мертвое время». Как пройдут эти семь лет и что из них сделает Малкольм?
Грин утверждает, что жизнь состоит из двух форм времени: мертвого времени, когда люди пассивно ждут, и живого времени, которое включает в себя обучение, действие и использование каждой доступной нам секунды. Каждая неудача, каждое обстоятельство, за выбор или контроль которого мы не несем активной ответственности, дает нам возможность для Времени Живого или Времени Мертвого войти в нашу жизнь.

Что это будет?
Малкольм выбрал живое время. Он начал учиться, изучать религию и учиться читать, одолжив карандаш и словарь в тюремной библиотеке, не только прочитывая их от корки до корки, но и записывая каждое новое слово от начала до конца, записывая их от руки. от руки, от первой страницы до второй. Слова, которых раньше никогда не существовало, внезапно проникли в его мозг!

Позже он вспоминал: «С тех пор и до тех пор, пока я не вышел из тюрьмы, каждую свободную минуту я проводил за чтением - будь то в библиотеке или на своей койке. Я читал историю, социологию, религию и классические труды таких философов, как Кант и Спиноза». Когда репортер спросил его, какая у него альма-матер, он ответил просто: Книги. Тюрьма стала его колледжем, где он вышел за пределы заключения, читая страницы, которые открыли для него новые миры. так по-настоящему чувствовал себя свободным в своей жизни».

Большинство людей знают, что сделал Малкольм Икс после выхода из тюрьмы, но немногие знают, как эта трансформация была осуществлена самой тюрьмой - как ее культура принятия, смирения и силы сыграла свою роль. Кроме того, мало кто знает, что таких историй изобилует на протяжении всей истории: деятели, которые принимали, казалось бы, ужасные обстоятельства, такие как тюремное заключение, ссылка, медвежьи рынки/депрессии/военный призыв/даже концентрационные лагеря, как топливо для величия, изменяя свой подход или подход к ним через отношение или другие методы.

Фрэнсис Скотт Ки сочинил то, что стало национальным гимном Америки, находясь в плену на корабле во время обмена во время войны 1812 года. Виктор Франкл во время своих испытаний в трех нацистских концентрационных лагерях усовершенствовал свои теории смысла и страдания.

Однако не то чтобы эти возможности всегда предоставлялись в таких тяжелых обстоятельствах. Автор Ян Флеминг нашел вдохновение, находясь на постельном режиме и, по предписанию врача, ему было запрещено печатать (они боялись, что это может побудить его написать еще один роман о Бонде), вместо этого вручную создав Chitty Chitty Bang Bang. Уолт Дисней принял решение стать художником-карикатуристом во время серьезного падения, повлекшего за собой перелом лодыжки.

Конечно, в данный момент было бы легче злиться, обижаться и впадать в депрессию; но такой подход приведет лишь к недальновидным решениям. Когда к кому-то обрушивается несправедливость или капризная судьба, обычной реакцией является сопротивление, сопротивляясь или крича: «Мне это не нравится, вместо этого я хочу ______!». К сожалению, этот подход дает не долгосрочные, а краткосрочные решения.

Подумайте, какие вопросы и системные проблемы лежали на вашей тарелке, решение которых вы отложили, или какие проблемы кажутся слишком сложными для решения. Мертвое время становится продуктивным, когда мы используем его как возможность сделать то, что необходимо сделать.

Согласно распространенному мнению, этот момент не определяет, кто вы; но как ты будешь его использовать?

Малькольм мог бы продолжать жить той жизнью, которая привела его в тюрьму. Мертвое время не всегда равнозначно безразличию или лени; Малкольм мог бы использовать эти годы, чтобы стать лучшим преступником, наладить контакты или спланировать новое дело, пока это еще считалось бы мертвым временем; возможно, это даже стоило того, чтобы медленно убивать себя.

Роберт Грин, как известно, заметил, что тюрьмы воспитали серьезных мыслителей; одним из таких является сам Роберт Грин. Однако, к сожалению, тюрьмы – как в прямом, так и в переносном смысле – породили гораздо больше дегенератов, неудачников и неэффективных людей; хотя заключенным, возможно, нечего было делать, кроме как думать, то, на чем они были склонны сосредотачивать свои мысли, делало их скорее хуже, чем лучше.

Именно это делают многие из нас, когда терпят неудачу или попадают в беду: вместо того, чтобы задуматься о том, почему это произошло, наша энергия реинвестируется в повторяющиеся модели поведения, которые изначально привели нас по этому пути.

Иногда мы можем погрузиться в мечты или замышлять месть. Иногда мы избегаем думать, что наш выбор отражает то, кем мы являемся на самом деле; вместо этого мы предпочли бы сделать что-нибудь кроме этого.

Но предположим, что вместо этого мы подумали: это возможность для меня, и я планирую использовать ее в своих целях вместо того, чтобы позволить этому стать мертвым временем?

Теперь мы снова живем; те времена, когда наше эго контролировало нас, давно прошли. Кто знает, куда вас завела жизнь; надеюсь не тюремное заключение!

Хотя вы можете чувствовать себя застрявшим, все может измениться. Может быть, это коррекционный урок в средней школе; возможно, вы на удержании; возможно, это пробная разлука; возможно, готовите смузи, копя деньги или ожидая контракта или командировки; Эта ситуация могла произойти полностью из-за вас, или это могло быть просто из-за невезения.

Жизнь часто оставляет нас в ловушке мертвого времени; его существование вне нашего контроля; но то, как мы его используем, безусловно, таково. darui Как однажды сказал Букер Т. Вашингтон: «Бросьте ведро там, где вы находитесь, и используйте те ресурсы, которые есть под рукой, вместо того, чтобы усугублять ситуацию своим упрямством.

# Глава 26: Активный мужчина стремится поступать правильно

Основная забота активного человека должна заключаться в том, чтобы делать то, что правильно; его не должно волновать, произойдет ли это в конечном итоге.

--ГЕТЕ БЕЛИССАРИС был одним из величайших, но неизвестных полководцев в истории. Со временем его имя стало настолько затерянным и затерянным, что никто даже не подозревает о его существовании.

Генерал Маршалл заслуживает большей похвалы за то, что ему был удостоен плана, названного в его честь, такого как план Маршалла.

Велисарий трижды спасал западную цивилизацию во время правления византийского императора Юстиниана, когда Рим рухнул, а его резиденция переместилась из Рима в Константинополь; поскольку христианство в тот период пошатнулось, он стал маяком.

Велисарий одержал удивительные победы в Даре, Карфагене, Неаполе, Сицилии и Константинополе - даже против толп численностью до десятков тысяч человек - с помощью всего лишь горстки телохранителей против такого количества людей, поскольку восстание стало настолько жестоким, что император подумывал об отречении от престола! Возвращение утраченных территорий, лишенных людей и ресурсов; отвоевать и защитить Рим впервые с тех пор, как варвары захватили его, не достигнув сорока лет! Все это произошло до его сорокалетия!

Его благодарность? Не публичные триумфы. Вместо этого Юстиниан неоднократно ставил его под подозрение, сводя на нет многие победы и жертвы Велисария посредством глупых договоров и недобросовестных соглашений. Юстиниан даже использовал Прокопия против Велизария, чтобы дискредитировать его - позже отказался от командования и дал лишь оскорбительный титул командующего Королевской конюшней (что позже привело к тому, что Велизарий был ослеплен и вынужден просить милостыню на улицах, чтобы выжить!). По завершении Велисарий, несомненно, ослепнет; еще один источник утверждает, что в конце произошло ослепление, а затем, наконец, обезглавливание, ослепление и принуждение к попрошайничеству, чтобы выжить!
Историки, ученые и художники на протяжении веков оплакивали и спорили по поводу такого обращения с этой великой и замечательной личностью. Вполне

справедливо, что они возмущены тем, что многие считают его неблагодарностью, недобростью и несправедливостью по отношению к нему.

Никто никогда не жалуется на что-либо, происходящее в течение или в конце его жизни — ни в то время, ни позже; ни в частных письмах. Никто не говорит, кроме самого Велисария!

По иронии судьбы, у Велисария, возможно, было множество возможностей захватить власть, но он даже не думал об этом. Хотя Юстиниан стал жертвой всех пороков, связанных с абсолютной властью, — контроля, паранойи, эгоизма и жадности, — мы едва ли обнаруживаем эти черты у Велисария.

Он считал, что просто выполняет свою работу, которую считал священным долгом, и этого было достаточно.

Жизнь время от времени бросает нам вызов: когда все наши усилия терпят неудачу и приводят к неудаче, неуважению, зависти или просто игнорированию со стороны всех вокруг нас.

В зависимости от того, что нас мотивирует, реакция может быть глубоко разочаровывающей. Когда наше эго берет верх, достаточно только полной похвалы.

Отношение опасно, потому что, когда кто-то работает над проектом — будь то книга, бизнес или что-то еще — в какой-то момент его творение покидает его руки и становится частью общества, подвергаясь осуждению, восприятию и действиям со стороны других людей; больше не находится под его прямым контролем, но зависит от них в своем выживании.

Велисарий обладал способностью побеждать в битвах, руководить своими солдатами и определять свою личную этику, но никогда не мог по-настоящему контролировать, будет ли его работа оценена по достоинству или вызывать подозрения, и он ничего не мог сделать, если бы этим воспользовался внушительный диктатор. и обращался с ним жестоко.

Эта реальность справедлива для жизни любого типа. Что выделяло Велисария, так это то, что он принял эту сделку: правильные поступки значили все; Его единственными целями были служение своей стране, Богу и долгу - любые трудности можно было терпеть, а награды считались дополнительными бонусами.

Это было важно, потому что, в отличие от нас, его усилия часто оставались без вознаграждения и даже наказания. Хотя поначалу это может быть неприятно, мы можем понять чувство негодования, которое мы бы испытали, если бы это случилось с нами или с кем-то из наших знакомых. Но был ли у него другой вариант или вместо этого он должен был поступить неправильно?

Как личности, преследующие свои индивидуальные цели, мы все сталкиваемся с одинаковыми трудностями:

Будем ли мы усердно работать ради чего-то, что может ускользнуть? Можем ли мы приложить усилия, даже если нет никакой гарантии результата? При наличии надлежащей мотивации большинство из них готовы действовать, а если действуют с гордостью, то нет.

Мы, люди, имеем лишь ограниченный контроль над тем, как люди отреагируют на нашу работу и усилия; одобрение, признание и награды других людей могут или не могут быть ответными на нашу доброту, упорный труд и усилия по созданию продукта. Так что же нам делать: быть добрыми, но не прилагать усилий, потому что взаимности может не быть? Пока не теряйте надежду – все равно постарайтесь быть добрыми и много работать, потому что взаимности может не быть. Ну давай же.

Рассмотрим всех активистов, лидеров и изобретателей, чей вклад остается непризнанным обществом, в качестве основных показателей; активисты могут сделать очень многое, лидеры могут быть убиты преждевременно, а идеи, которые еще не появились, «опередили свое время». Однако, согласно этим показателям, эти люди никогда не получали вознаграждения за свою работу, так почему же они вообще этим занимались? Разве их работа не должна была быть направлена на другое место?

У каждого из нас в тот или иной момент были мысли сделать именно это.

Как это поможет вам пережить трудные времена? Что, если вы окажетесь впереди времени или рынок поддержит какую-то сумасшедшую тенденцию, которую никто не понимает? Что подумает ваш начальник или клиенты, если вы попытаетесь объяснить ситуацию?

Делать хорошую работу должно быть достаточно. Другими словами, мы не должны привязываться к результатам; выполнение наших собственных стандартов приносит гордость и самоуважение; самого усилия должно быть достаточно.

Это нуждается в признании и компенсации. Однако, к сожалению, когда это происходит, это часто создает проблемы, поскольку мы ожидаем, что похвала и оплата всегда будут идти рука об руку, и это часто приводит к «похмелью ожидания».

Александр Македонский неожиданно встретился с Диогеном, знаменитым философом-киником. Предположительно, Александр подошел к Диогену, когда он лежал, наслаждаясь летним бризом, и спросил, что его сила может сделать для этого относительно бедного человека - потенциально что угодно! Диогену, возможно, нужно было что-то еще или он просто хотел, чтобы его имя упоминалось как одно из многих достижений Александра. «Хватит закрывать мне солнце». Даже два тысячелетия спустя мы можем почувствовать, где в солнечном сплетении это должно было поразить Александра; как позже заметил Роберт Льюис Стивенсон об этой встрече: «Мучительно удручающе преодолевать трудности, когда человечество игнорирует ваши усилия».

Что ж, будьте готовы. Это произойдет. Возможно, ваши родители не оценят то, что вы делаете; возможно, вашей девушке все равно; возможно, инвестор не увидит ваши цифры; возможно, публика не будет аплодировать; тем не менее, мы все должны найти способы добиться успеха; мы не можем допустить, чтобы эта неудача демотивировала нас.
У Велизария был последний шанс спасти империю, когда его невиновность была доказана и его честь восстановлена; как раз вовремя, чтобы стать его спасителем в преклонном возрасте.

Жизнь, однако, сложилась не так: его снова и снова несправедливо подозревали в заговоре против Императора. Лонгфелло написал знаменитое стихотворение о нашем бедном генерале в конце его жизни, когда он обеднел и стал инвалидом, но ему все же удалось закончить на оптимистичной ноте:

Я все еще надеюсь, что мы справимся. Это тоже можно вынести; я сохраняю надежду.

Я Велизарий! Ваши усилия останутся неоцененными. Будут неожиданные неудачи; ваши ожидания не оправдаются; и в конечном итоге вы проиграете и потерпите неудачу.

Джон Вуден посоветовал своим игрокам, и ему самому, изменить определение успеха: изменить его на «душевное спокойствие, которое приходит от осознания того, что вы изо всех сил стараетесь стать настолько великой личностью, насколько можете». Марк Аврелий напомнил себе, что амбиции связывают благополучие с внешними событиями; а здравомыслие означает принятие ответственности за свои действия.

Делайте свою работу и делайте ее хорошо. Как только это будет завершено, просто сдайтесь и позвольте Богу творить чудеса; это все, что нужно!

Признание и награды — это просто бонусы; любое отвержение, которое происходит, не должно касаться нас как личностей.

Знаменитая работа Джона Кеннеди Тула «Конфедерация остолопов» поначалу была отвергнута всеми издателями, что настолько опустошило его, что он покончил с собой на пустой дороге недалеко от Билокси, штат Миссисипи. Однако после этого события его мать обнаружила и защищала публикацию, пока в конечном итоге не получила Пулитцеровскую премию.

Задумайтесь на секунду об этом – между этими представлениями ничего не изменилось; Книга Тула была одинаково хороша как в рукописном виде, так и в том случае, когда она была опубликована и продана за награды. Если бы он понял это раньше, это, возможно, избавило бы его от многих душевных страданий; к сожалению, то, что мы видим, насколько произвольны многие перерывы, является свидетельством жизни.

Внешние силы никогда не должны диктовать, стоит ли что-то нашего времени или нет; это решение остается исключительно за нами.
Наш мир не заботится о том, чего хотят или в чем нуждаются люди: если мы продолжаем хотеть и нуждаться, только тогда мы готовим себя к разочарованию или чему-то худшему.

Достаточно выполнить эту работу в одиночку.

# Глава 27: МОМЕНТЫ БОЙЦОВОГО КЛУБА

Истина обладает неудержимой силой; если его оставить под землей, он может накопить взрывную силу, которая однажды проявит себя и вызовет хаос.

В этом месте нет места, чтобы перечислить всех успешных людей, достигших пика успеха, однако каждый момент в жизни может принести глубокую трансформацию и изменяющий жизнь опыт.

Хоть это и клише, но это не отменяет его значимости.

Спустя семь лет после окончания колледжа Джоан Роулинг оказывается перед лицом неудачного брака, отсутствия возможностей трудоустройства и трудностей с уходом за детьми, которые угрожают бездомностью. Подросток Чарли Паркер считал, что он раскачивается на сцене, пока Джо Джонс не бросил в него тарелку и с унижением не прогнал его со сцены. Линдон Джонсон оказался жестоко избит из-за девушки мальчиком-фермером из Хилл-Кантри; разрушив его имидж «короля прогулки».

Есть разные пути к тому, чтобы оказаться на дне; большинство людей в конечном итоге так и делают.

«Бойцовский клуб» описывает, как квартира Джека была разрушена в результате взрыва, уничтожившего все его имущество, включая «каждую мебель», которую он так желал. Позже выясняется, что этот взрыв организовал сам Джек; множество личностей внутри него призвали «Тайлера Дердена» спланировать это, чтобы вывести Джека из его печального ступора и вдохновить на действия против его последствий; в конечном итоге ведет его на неожиданный и темный жизненный путь.

Персонажи греческой мифологии часто испытывают то, что известно как катабасис, или «падение вниз». Вынужденные уйти в отступление или депрессию или даже физически упасть в сам Аид, персонажи могут появиться с большими знаниями и пониманием, чем до того, как они прошли через этот опыт.

Сегодня мы бы назвали такое положение дел адом, и многие из нас время от времени проводят там какое-то время.
Мы, люди, склонны окружать себя отвлекающими факторами и ложью о том, что приносит счастье и что важно в нашей жизни. Со временем мы становимся

людьми, которыми не должны становиться, и участвуем в разрушительном, ужасном поведении, которое затвердевает в закаленные состояния, вызванные эго, которые становятся почти постоянными, пока катабасис не заставит нас встретиться с ними лицом к лицу.

Duris dura frangur. Тяжёлые вещи ломаются твёрдыми вещами.

По мере того как ваше эго увеличивается, будет и его упадок.

Было бы чудесно, если бы так не было: если бы нас можно было легко направлять к исправлению нашего поведения при мягкой поддержке со стороны друзей или наставников; если бы простого тихого напоминания было достаточно, чтобы рассеять иллюзии; или может ли обход эго произойти без внешней помощи. К сожалению, нет, как заметил преподобный Уильям А. Саттон около 120 лет назад: мы не можем стать смиренными, не испытав унижений на собственном опыте; насколько лучше было бы без таких переживаний, но иногда они необходимы, чтобы слепые люди увидели.

Значительные жизненные изменения часто возникают в моменты, когда мы полностью переворачиваемся, когда все, что, как мы думали, мы знали о мире, становится совершенно ложным. Их можно назвать «моментами Бойцовского клуба». Иногда они вызваны нами самими, иногда кто-то другой делает это с нами - в любом случае они служат катализаторами изменений, которые мы раньше не хотели вносить.

Выберите событие из вашей жизни (или, возможно, то, которое вы сейчас переживаете): Пренебрежительная критика начальника перед всем персоналом; Встреча с кем-то, кто вам дорог; Оповещение Google, которое доставило статью, которая, как вы надеялись, не будет написана; Неожиданный звонок от вашего кредитора с новостями, которые ошеломили вас и лишили дара речи.

В такие моменты, когда разрыв обнажил что-то, что вы раньше упускали из виду, он заставил вас противостоять вещи, называемой Истиной, и вы больше не могли скрываться от ее взгляда или притворяться иным.

Событие такого рода вызывает несколько вопросов: как мне понять эту ситуацию? И как мне ответить?

Мои шаги вперед или вверх? Достиг ли я конца или все еще впереди?

Кто-то определил мои проблемы; как мне теперь обратиться к ним и понять, почему это произошло?

Как это может не повториться?

История показывает нам, что эти события, похоже, имеют три общие характеристики.

1. Эти смерти обычно были результатом внешних сил или людей.

2. Они часто раскрывали то, что мы уже знали о себе, но не имели смелости признать это.

3. Руины могут дать возможность для значительного прогресса и совершенствования, однако не все в полной мере используют этот потенциал. Это часто сначала приводит к тому, что мы терпим крах, а затем препятствуем любым последующим попыткам улучшить себя.

Разве финансовый кризис 2008 года не стал моментом, открывшим глаза для многих людей? Проблемы подотчетности, чрезмерный образ жизни, жадность и нечестность — все это стало до боли очевидным; некоторые отреагировали хорошо, в то время как другие вернулись к тому, с чего начали, или еще хуже; будущие кризисы только усугубят их положение.

Сам Хемингуэй в молодости пережил глубокие разочарования. Из этих событий родилась вневременная мудрость, которая позже появится в «Прощай, оружие»: «Мир ломает всех, но многие становятся сильнее в его сломанных местах; но отказ от разрушения может привести к смерти.

Мир может предоставить вам доказательства, но никто не может заставить вас принять их. Большинство групп 12 шагов сосредоточены на подавлении своего эго.

Уберите привилегии, багаж и мусор, чтобы вы могли увидеть, кто вы на самом деле.

Отрицание может оказаться заманчивым, когда вы сталкиваетесь со сложной информацией; ваше эго часто отказывается верить в то, что ему не нравится, и отвергает возможность того, что то, что вам не нравится, может быть правдой.

Психологи часто отмечают опасности, связанные с угрозой эгоизма: от членов банд, чья «честь» подвергается сомнению, до отвергнутых нарциссов и хулиганов, которых заставляют стыдиться; самозванец, которого разоблачают; истории плагиаторов или приукрашивателей больше не сочетаются друг с другом — любая из этих ситуаций может оказаться катастрофически разрушительной.

Это не те люди, с которыми вам следует приближаться, когда они чувствуют себя загнанными в угол, и не та ситуация, в которую вы хотите себя поставить. Вместо этого возникает вопрос: «Как эти люди могут так относиться ко мне? Кем они себя считают?» и возникает желание «Заставь их заплатить».

Иногда, когда мы не можем вынести того, что нам сказали или сделали, наша реакция становится чрезвычайной и опасно разрушительной: эскалация. Это чистое и токсичное эго в действии.

Возьмем, к примеру, Лэнса Армстронга. Как и многие другие, он совершал мошенничество; Однако когда такое поведение было обнародовано и навязано ему как реальность, дела быстро пошли вниз. Вместо того, чтобы признать свои проступки, несмотря на все доказательства, он настаивал на их отрицании и причинил непоправимый вред другим жизням, которых он коснулся - всего лишь крошечный пример нашего коллективного страха потерять наше уважение или уважение других, который может побудить нас задуматься о том, чтобы сделать что-нибудь, чтобы избежать потеря уважения - до такой степени, что даже размышления о таких действиях могут вызвать такое беспокойство, которое толкает нас на ужасные поступки -

В Евангелии от Иоанна 3:20 говорится: «Те, кто поступает неправильно, часто избегают света, чтобы их дела не стали известны», и это справедливо для всех — от крупных организаций до отдельных противоправных действий.
«Никто не знает наверняка, когда наступит расплата и как долго она может длиться». Избегать встречи с реальностью и ее суровой правдой — значит избегать ее света. Когда что-то плохое или разрушительное оказывается в центре внимания, он может чувствовать себя некомфортно, но отворачивание только откладывает расплату - никто не знает, когда.

Изменения начинаются с того, что вы слушаете и слушаете то, что говорят окружающие вас люди; даже если эти комментарии резкие или огорчающие. Услышать критику – значит тщательно все взвесить, прежде чем отбросить все, что не имеет значения, и задуматься над тем, что имеет значение.

«Бойцовский клуб» прекрасно изображает эту сцену: один персонаж должен поджечь собственную квартиру, чтобы вырваться на свободу, в ответ на наши ожидания, преувеличения и отсутствие сдержанности, делающие такие моменты неизбежными — и болезненными — для него и для него самого. Теперь оно пришло, что с этим делать? Либо перемены возможны, либо просто отрицаем.

Винс Ломбарди однажды сказал то же самое и о командах: «Чтобы любая группа снова поднялась, она должна сначала достичь своей самой низкой точки». Достижение дна может быть болезненным и эмоционально истощающим; однако то, что произойдет после этого, является одной из самых интересных перспектив, когда-либо известных – то, что президент Обама описал, приближаясь к концу своего бурного президентства.

«Ощутить жизнь изнутри бочки, упавшей на Ниагарский водопад, и выйти живым из нее было таким освобождающим чувством!

Если бы мы могли этому помешать, было бы идеально, если бы мы вообще никогда не испытывали иллюзий; это гарантировало бы, что нам никогда не придется вставать на колени или перешагивать через край - обсуждению этого в книге посвящено немало времени; иначе мы рискуем оказаться здесь.

В конце концов, чтобы полностью оценить свой прогресс, нужно встать на выступ ямы, которую вы выкопали для себя, посмотреть вниз и нежно улыбнуться, увидев кровавые отпечатки когтей, отмечающие ваше путешествие вверх по ее стенам.

# Глава 28: Нарисуйте линию

Роман разрушит вашу жизнь только в том случае, если он разрушит ваш характер.

Джон ДеЛорин повел свою автомобильную компанию вниз из-за сочетания чрезмерных достижений, небрежности, нарциссизма, жадности и бесхозяйственности. Но когда стали поступать плохие новости об их злодеяниях и полная картина стала очевидна всем заинтересованным сторонам, какие у нас теперь есть варианты?

Вспомните, как он отреагировал: были ли его ответы безропотным принятием, признанием ошибок, о которых теперь высказывались его недовольные сотрудники, и возможностью для размышлений? Все они были важнейшими компонентами эффективного управления: ошибки создавали проблемы как для инвесторов, так и для сотрудников.

Не совсем. Вместо этого он приступил к действиям, которые привели к сделке с наркотиками на 60 миллионов долларов и его последующему аресту. Когда его компания начала давать сбои из-за его неумелого стиля управления, он понял, что единственный способ спасти все это — это финансирование незаконной перевозки 220 фунтов кокаина.

Конечно, после разрекламированного и позорного ареста с Делориана в конечном итоге были сняты все обвинения посредством «провокации», хотя на видео видно, как он протягивает пакетик с кокаином и с восторгом восклицает: «Эта штука лучше золота!»

Смерть Джона Делориана может быть напрямую связана с одним человеком.

Нельзя отрицать, кто вызвал такой хаос; этот ответ зависит только от него самого.

Как только он оказался в непроходимой яме, он продолжал копать, пока не достиг самого ада.

Если бы он только остановился и в любой момент спросил себя: «Являюсь ли я тем, кем хочу быть?» Люди постоянно совершают ошибки, начиная бизнес, с которым, по их мнению, они могут справиться, или строят грандиозные планы, которые оказываются слишком масштабными и грандиозными для их реализации. Люди совершают эти ошибки достаточно часто, поэтому то же самое произошло и здесь.

Все это совершенно нормально; рисковать и совершать ошибки — отличительные черты предпринимателя, творческого человека или руководителя бизнеса. Наша отрасль процветает, потому что люди рискуют и учатся на ошибках.

Проблема заключается в том, что когда мы придаем слишком большое значение работе как источнику нашей идентичности, любая форма неудачи может плохо отразиться на том, кем мы являемся как личности. Неудача может стать для нас чем-то негативным, и поэтому мы избегаем брать на себя ответственность или признавать ошибки; следовательно, возникает ошибка невозвратных издержек, и хорошие деньги и хорошая жизнь уходят на ветер, делая все только хуже, чем раньше.

Что, если кажется, что ваши стены закрываются? Это может вызвать на поверхность такие чувства, как предательство и воровство; не являются также рациональными и положительными эмоциями, которые могут привести к рациональным, позитивным действиям.

Эго часто спрашивает себя, почему с ним это происходит; и как они могут предотвратить дальнейшие проблемы, показав, что они настолько велики, насколько все о них думают. Животный инстинкт подсказывает им, что любой признак слабости может оказаться фатальным для выживания.

Вы видели, что я имею в виду? Отчаянно борясь за что-то, мы делаем только хуже.

Нет, это не приведет к большим достижениям.

Стив Джобс несет полную ответственность за свое увольнение из Apple. Учитывая его последующий успех, это может показаться плохим руководством, но в то время его эго действительно вышло из-под контроля; Если бы вместо этого генеральным директором был Джон Скалли, он бы уволил и эту версию Стива Джобса — и поступил бы правильно.

После увольнения из Apple Стив Джобс принял вполне понятную реакцию: он плакал и ругался. Проиграв, он продал все акции, кроме одной, и пообещал себе никогда больше не думать о компании; однако вскоре после этого начал другое предприятие и посвятил ему свою жизнь и энергию. Насколько это было возможно, он пытался извлечь уроки из ошибок, которые стали причиной его первоначальной неудачи, и вскоре после этого основал еще одну компанию под названием Pixar. Стив Джобс известен как эгоистичный генеральный директор, который парковался на местах для инвалидов просто ради развлечения; тем не менее, в критический момент своей кончины он проявил удивительное смирение, работая до тех пор, пока не только снова не проявил себя, но и существенно исправил недостатки, которые с самого начала стали причиной его падения.

Во времена больших неудач или трудностей успешным и влиятельным людям редко удается так быстро оправиться от неудач.

В качестве примера можно привести Дова Чарни, основателя компании American Apparel. После понесенных убытков в размере около 300 миллионов долларов и различных скандалов его компания предложила ему два варианта решения своих финансовых проблем: уйти с поста генерального директора, но остаться креативным консультантом с большой зарплатой, или быть уволенным - оба варианта были отвергнуты в пользу чего-то гораздо худшего.
После того, как он подал иск в знак протеста, Чарни поставил на кон всю свою собственность в компании, чтобы инициировать враждебное поглощение с помощью хедж-фонда, и потребовал, чтобы его поведение было тщательно изучено и оценено, чего не произошло. Вместо этого стали известны неприятные подробности его личной жизни, а также были обнародованы неприятные подробности, касающиеся неприятных подробностей, таких как выбор в качестве его законного представителя того же адвоката, который уже много раз подавал в суд на Чарни за сексуальные домогательства и финансовые нарушения; тот, кого Чарни в прошлом обвинял в вымогательстве и несерьезных заявлениях; теперь оба работали вместе!

American Apparel потратила более 10 миллионов долларов на борьбу. Судья издал запретительный судебный приказ, продажи упали, и они начали увольнять фабричных рабочих и давних сотрудников — тех самых людей, за которых он, по его словам, боролся, — просто чтобы они могли продолжать работать. В течение года они объявили о банкротстве, и у них закончились деньги для продолжения деятельности. *

Алкивиад был печально известным государственным деятелем и полководцем Пелопоннесской войны. Сначала сражался за свою родную страну Афины, которые долгое время были его самой большой любовью. Когда его исключили за явное преступление, совершенное в нетрезвом виде, а затем он перешел на сторону Спарты, которая была заклятым врагом Афин, он перешел еще раз - на этот раз в Персию, которая сама была врагом обоих. Наконец вернулся в Афины, где его амбиции вторгнуться в Сицилию привели их по этому пути к гибели!

Эго может разрушить то, что мы любим больше всего в жизни, и угрожает уничтожить нас вместе с этим.

Александр Гамильтон, возможно, был одним из отцов-основателей, которые встретили особенно трагический конец, которого можно было избежать, но тем не менее высказал мудрые слова по этой теме. Если бы он только вспомнил о них, прежде чем вступить в ненужную дуэль! «Действуйте мужественно и с честью», — писал Гамильтон обезумевшему другу, испытывающему глубокие финансовые и юридические трудности, вызванные им самим: если нельзя ожидать разумной надежды на спасение, тогда прекратите погружаться глубже — имейте смелость выделить время для дальнейшего преследования вашего усилия и остановиться.

Останавливаться! Эти люди не должны были сдаваться сразу; скорее, их неспособность понять, когда пришло время выхода на пенсию, принесла больше вреда, чем пользы. Вам нужно посмотреть на картину в целом.

Кто может конкурировать, когда собственное эго берет верх?

Представьте, что вы потерпели неудачу и это ваша ответственность. Дерьмо случается, иногда публично. Никому не нравится видеть, как их тяжелая работа срывается вот так; так что остается вопрос: собираетесь ли вы усугубить ситуацию или пройти через этот опыт с достоинством и неповрежденным характером, готовые к новому бою завтра?
Когда кажется, что команда проиграет игру, тренер не кричит и не ругает ее; скорее, он или она напоминает им, кто они и каковы их возможности, побуждая их вернуться туда и показать это. Не слишком беспокоясь о победе или чудесах, хорошие команды сосредотачиваются на том, чтобы работать на самом высоком уровне; распределять игровое время между всеми членами команды независимо от регулярного уровня участия, а иногда даже возвращаться сзади и побеждать!

Большинство проблем являются временными, если мы не сделаем их таковыми. Выздоровление обычно происходит шаг за шагом, если только ваше решение не связано с новым заболеванием.

Эго может заставить нас думать, что смущение или неудача хуже, чем они есть на самом деле, однако история изобилует примерами людей, которые пережили унижения, но, несмотря на них, продолжали вести успешную жизнь и карьеру. Политики, потерявшие выборы или должность из-за неосмотрительности, часто возвращались через некоторое время, чтобы снова успешно руководить. Актеры, чьи фильмы провалились, авторы, которые боролись с писательским кризисом, знаменитости, которые допустили оплошности, родители, которые допустили ошибки, предприниматели с нестабильными компаниями, уволенные руководители, спортсмены, которых сократили, люди, слишком хорошо живущие на вершине рынка... все эти люди, как и мы, чувствовали боль неудачи. Когда дела идут не так, как мы хотим, у нас есть два варианта, когда мы сталкиваемся с проигрышем: превратить ситуацию в проигрышную ситуацию или изменить наш подход так, чтобы потери могли закончиться победами?

Жизнь однажды закончится; это точно. В какой-то момент врачи должны назвать время смерти. Это просто часть их профессии.
Это убеждает нас в нашей непобедимости; это заблуждение создает проблемы. Столкнувшись с неудачей и невзгодами, они часто нарушают правила, делая ставку на какую-то рискованную схему; или прибегать к закулисным сделкам или к последним усилиям, даже если именно это в первую очередь причинило им такую боль.

В любой момент жизни мы можем быть амбициозными, успешными или терпеть неудачу – часто одновременно – но с мудростью мы признаем, что эти состояния временны и не определяют, кем вы являетесь как личность. Когда успех по какой-либо причине ускользает от вас, главное не схватить его крепко за горло и не раздавить; скорее, его необходимо вернуть в желаемую фазу, вернувшись к основным принципам и передовой практике.

Сенека сказал: «Те, кто боятся смерти, никогда не сделают ничего достойного живых людей», однако те, кто пытается избежать неудачи, почти наверняка, несмотря на это, сделают что-то стоящее.
Неудача приходит только от предательства своих принципов. Жертвовать тем, что вам дорого, только потому, что это причиняет боль, эгоистично и глупо; если ваша репутация не может выдержать некоторых неудач, то, возможно, вообще не стоило этого делать.

# Глава 29: Ведите свою систему показателей

Я предпочитаю не оглядываться назад, кроме как для выявления прошлых ошибок; Оглядываясь назад, можно лишь сожалеть о прошлых достижениях, о которых вы должны с гордостью вспоминать.

--ЭЛИЗАБЕТ НОЭЛЬ-НЕЙМАНН

16 апреля 2000 года «Патриоты Новой Англии» после тщательного поиска выбрали дополнительного защитника из Мичиганского университета. Они провели тщательную проверку анкетных данных и тщательно спланировали ее.

Они уже некоторое время следили за ним, и когда увидели, что он все еще доступен, они решили действовать.

Это был шестой раунд и 199-й выбор на драфте этого года.

Его звали Том Брейди.

Брэди стартовал четвертым составом в свой год новичка, но ко второй кампании стал стартовым игроком и помог Новой Англии выиграть Суперкубок того года, получив при этом звание MVP.

При любом показателе окупаемости инвестиций выбор Тома Брэйди в качестве квотербека вполне может оказаться одним из величайших выборов за всю историю драфта: четыре кольца Суперкубка в шести матчах; 14 стартовых сезонов, 172 победы, 428 забитых тачдаунов (три награды MVP Суперкубка); 58 000 ярдов; 10 выступлений в Про Боуле и больше титулов в дивизионе, чем у любого квотербека до него, плюс еще больше титулов в дивизионе, чем у любого квотербека до него! Он мог бы продолжать выплачивать дивиденды; У Брэди, возможно, впереди еще много сезонов.

Так что вполне логично, что фронт-офис «Патриотов» был бы в восторге от того, как все обернулось, каким оно и было. Тем не менее, они также были глубоко встревожены самими собой, потому что неожиданные способности Брейди означали, что их разведывательные отчеты были просчитаны и неправильно оценены все его нематериальные качества; тем не менее, они пропустили этот драгоценный камень до шестого раунда, где кто-то другой мог бы подобрать его раньше; более того, они даже не осознавали своей правоты, пока травмы не вывели Дрю Бледсо из игры и не заставили их реализовать его истинный потенциал; только тогда они поняли, насколько великим на самом деле был Брейди!

Хотя их ставка оправдалась, «Патриоты» сосредоточились на любых пробелах или ошибках в разведке, которые могли бы в первую очередь помешать этому. Не то чтобы они просто искали совершенства; скорее, они придерживались более высоких стандартов работы.

Скотт Пиоли, директор по персоналу «Патриотов», в течение многих лет держал на своем столе фотографию, на которой был изображен Дэйв Стачельски, которого они выбрали в 5-м раунде, но который так и не прошел через тренировочный лагерь, как напоминание: вы не так велики, как думаешь и не все понимаешь; Оставайся сфокусированным. Сделать лучше.

Тренер Джон Вуден тоже ясно дал это понять: табло не было барометром успеха ни для его команды, ни для него лично – победа определялась по-другому. Бо Джексон не слишком волновался, совершая хоум-раны или забивая тачдауны, потому что знал, что «он сделал это не идеально». (На самом деле, после своего первого удара в высшей лиге он не просил мяч, потому что для него это был «просто мяч в центре».)

Великие люди склонны рассматривать жизнь через эту призму: не как неудачу в каждом успехе, а как стандарт, который выходит далеко за рамки того, что общество может считать объективным успехом. По этой причине великих людей не так уж заботит мнение других; для них важнее всего соответствие собственным стандартам, которые зачастую намного превосходят стандарты всех остальных.

«Патриоты» считали выбор Тома Брэйди скорее удачным, чем умным, и не хотели считать себя удачей. Хотя ни одна команда в НФЛ не лишена изрядной доли эго, вместо того, чтобы праздновать или поздравлять себя с тем, что произошло, они опустили головы и сосредоточились на том, как они могут улучшиться. Смирение может быть такой мощной силой в организационном, личном и профессиональном плане.

Этот процесс ни в коем случае не доставляет удовольствия – временами он может ощущаться как самоистязание – но он заставляет вас проявлять настойчивость и всегда стараться изо всех сил, чтобы добиться улучшений и достичь целей.

Это не может понять обе стороны проблемы и, следовательно, не может внести улучшения, видя только положительное подтверждение и не видя, откуда может прийти улучшение. «Тщеславные люди редко слышат что-либо, кроме похвалы». Все, что он видит, — это успехи; каким бы мимолетным оно ни было, это делает это причиной многих временных зацепок, но редко устойчивых, которые можно увидеть среди эгоманьяков.

Уоррен Баффет ясно дал понять эту точку зрения, обсуждая внутренние и внешние табло: мерить себя с их потенциалом (то, что самое лучшее, на что они способны) — это ваш стандарт успеха. Одной победы недостаточно; любой может победить, но не каждый достигает максимального внутреннего потенциала.

Жесткий? Возможно. Однако быть честным означает быть гордым и сильным, когда сталкиваешься с поражением. Без эгоцентричного взгляда, направляющего их, мнения других людей или внешние маркеры не будут иметь такого большого значения в определении вашего успеха или неудачи.

Это может быть более сложной задачей, но в конечном итоге становится мощной формулой устойчивости.

Адам Смит имел представление о том, как мудрые и хорошие люди оценивают свои действия:

В двух разных случаях мы пытаемся оценить свое поведение беспристрастно: во-первых, когда обдумываем действия; и второй после действия. К сожалению, наши взгляды часто могут быть очень предвзятыми, когда мы смотрим на себя так, как нам хотелось бы, чтобы на нас смотрел объективный наблюдатель; но особенно при обдумывании действия, к которому его побудила страсть; однако как только действие закончено и страсти утихли, мы можем более объективно исследовать их чувства, как это сделал бы беспристрастный наблюдатель.

«Безразличный зритель» служит ориентиром, по которому мы можем оценивать свое поведение, а не искать одобрения со стороны общества. Но этот «безразличный зритель» не может просто судить о вас, основываясь только на подтверждении.

Представьте себе всех людей – политиков, влиятельных руководителей и других – которые оправдывают свое поведение тем, что оно «технически не является противозаконным». Возможно, вы даже сделали это сами; ваше эго любит эксплуатировать такие моральные серые зоны, как эта. Если установить внутренний или безразличный стандарт (что не имеет значения), крайности или проступки становятся менее вероятными. В конце концов, речь не должна идти о том, что может уйти; скорее, речь должна идти о том, что должно или не должно произойти.

Поначалу этот путь может показаться трудным, но в конечном итоге он сделает нас менее эгоцентричными и эгоистичными. Когда люди оценивают себя по собственным стандартам, а не по аплодисментам как критерию успеха, их жажда всеобщего внимания резко уменьшается; те, кто способен мыслить в долгосрочной перспективе, менее склонны жалеть себя во время временных неудач; в то время как люди, которые ценят командную работу, склонны более свободно делиться заслугами и охотнее откладывать личные интересы, чем большинство других.

Размышления о том, что прошло хорошо или какие мы замечательные, не помогают нам добиться чего-либо; все, что он делает, это оставляет нас там, где мы находимся сейчас, что может быть, а может и не быть тем, где мы хотим быть. Мы хотим большего, роста и совершенствования – ничто другое нас не удовлетворит.

Это может встать на пути, поэтому мы подчиняем его и побеждаем, устанавливая все более высокие стандарты. Это не значит, что мы стремимся к большему из жадности; вместо этого мы работаем над реальным улучшением, используя дисциплину, а не характер.

# Глава 30: Всегда люби

У нас нет причин злиться на мир!

Как будто мир это заметил!

--ЕВРИПИД В 1939 году Орсон Уэллс получил один из самых революционных контрактов Голливуда: возможность играть, писать и режиссировать. Он мог сделать все три всего за два года!

Он выбрал RKO Studios для производства фильмов по их выбору, и в их первом фильме, озаглавленном «Таинственный газетный барон», он рассказывал историю влиятельного владельца газеты, который оказался в ловушке своей огромной империи и образа жизни.

Уильям Рэндольф Херст, влиятельный медиа-магнат, посчитал, что этот фильм оскорбительно основан на его жизни, и начал всепоглощающую кампанию, чтобы его снять, что поначалу увенчалось успехом.

Что интересно в этом двоякое. Во-первых, Херст, вероятно, даже не смотрел этот фильм; поэтому он, вероятно, понятия не имел о ее содержании; во-вторых, это не обязательно было о нем - по крайней мере, исключительно. Персонаж Чарльза Фостера Кейна был создан с использованием нескольких исторических личностей, таких как Сэмюэл Инсалл и Роберт МакКормик, в качестве источников вдохновения; Точно так же два похожих портрета Чарли Чаплина и Олдоса Хаксли вдохновили этот фильм; цель его заключалась не в том, чтобы демонизировать, а не очеловечить их). В-третьих, Херст был одним из самых богатых людей, живших в то время и приближавшихся к концу своей жизни; зачем ему тратить столько своей энергии и внимания на что-то столь тривиальное, как художественный кинопроект непроверенного режиссера? В-четвертых, его кампания против него укрепила его наследие и выявила глубину его стремления контролировать и манипулировать. Таким образом, его усилия закрепились в истории более прочно, чем это мог бы сделать любой критик.

Таким образом, заключается парадокс ненависти и горечи: они достигают почти полной противоположности нашей намеченной цели, известной как эффект Стрейзанд на интернет-выражении.
Барбра Стрейзанд попала в заголовки газет из-за попытки легально удалить фотографии своего дома из Интернета; ее усилия имели неприятные

последствия, поскольку это увидело больше людей, чем если бы она оставила это в покое.) Деструктивное поведение из злости или гордости часто приводит к его сохранению и дальнейшему распространению с течением времени.

Херст приложил все усилия, чтобы защитить свою тайну. Он послал в студию на просмотр одну из своих самых влиятельных обозревателей светской хроники, Луэллу Парсонс; после ее отзыва он решил, что в его силах не допустить, чтобы это когда-либо стало достоянием общественности. Он издал директиву, согласно которой все газеты Херста вообще не должны упоминать ни один фильм RKO - компании, стоящей за Гражданином Кейном, - включая Уэллса (этот запрет все еще сохранялся более 10 лет спустя). Газеты Херста начали публиковать негативные статьи о нем. Уэллс и его личная жизнь. Кроме того, Херст угрожал каждому члену правления RKO, ведя колонки сплетен с угрозами, а также угрожая настроить других руководителей студии против этой картины. За права на фильм было предложено 800 000 долларов, чтобы его можно было сжечь или уничтожить, что вынудило большинство сетей кинотеатров отказаться от его показа и запретить его рекламу на объектах Hearst. Сторонники Херста начали сообщать об обвинениях против Уэллса в различные органы власти; ФБР Дж. Эдгара Гувера в конце концов открыло на него дело в 1941 году.

Херсту пришлось понести большие затраты и усилия, чтобы сохранить контроль над своим фильмом, который в конечном итоге оказался коммерчески неудачным и потребовалось несколько лет, прежде чем он нашел свое место в культуре. Только ценой огромных усилий Херсту удалось удержать его от широкого распространения.

У каждого есть что-то, что его раздражает, и чем более успешными или могущественными мы становимся, тем больше мы можем чувствовать, что нуждаемся в защите, когда дело касается наследия, имиджа и влияния. К сожалению, без надлежащего контроля это может привести к потере огромного количества нашего времени, пытаясь помешать другим опозорить нас или проявить неуважение.

Задумайтесь на мгновение обо всех ненужных смертях и разрушениях, вызванных на протяжении веков разгневанными мужчинами или обиженными женщинами по причинам, которые часто трудно вспомнить. Это должно оставить чувство ошеломления.

Любовь всегда является ответом, когда кто-то нападает на вас или каким-либо образом причиняет вам боль. Любовь распространяется наружу и проявляет к

нам сострадание – к нашему ближнему, который не выключает свою музыку; наш родитель, который нас подвел; бюрократ, потерявший ваши документы; группа, которая нас отвергает, или критики, которые на нас нападают – каждый заслуживает любви от нас всех!
Бывшие партнеры, укравшие вашу бизнес-идею. Суки или мошенники.
Любовь.

Ненависть всегда вернется и заберет вас. Ненависть поглотит тебя».

Хотя любви может быть слишком много, чтобы просить ее в ответ на несправедливость, совершенную по отношению к вам, по крайней мере, вы можете попытаться отпустить ситуацию и посмеяться над тем, что произошло.

В противном случае мир станет свидетелем еще одного примера древней и трагической закономерности: богатые и влиятельные люди становятся настолько изолированными и впадают в заблуждение, когда происходит что-то, что идет вразрез с их желаниями, что, когда что-то действительно идет вразрез с его желаниями, он поглощается этим и их стремлением. то, что помогло им стать такими великими, становится их самой большой слабостью. Небольшое неудобство становится огромной раной; гноится до тех пор, пока не начнется инфекция, что в конечном итоге приведет к его кончине.

Представление Никсона о себе как об агрессивном воине, сражающемся с враждебным миром, погубило его; как и окружал себя другими «крутыми парнями». Люди склонны забывать, что Никсон был переизбран с подавляющим перевесом после Уотергейта. К сожалению, его поведение продолжало подпитывать эту историю – он дрался, преследовал репортеров и набрасывался на всех, кто, по его мнению, сомневался в нем – подпитывая дальнейшее освещение этой истории и в конечном итоге потопив его. Как и у многих до него, его ненависть и гнев в конечном итоге оказались для него более разрушительными, чем кто-либо другой. Быть одним из самых влиятельных лидеров в мире было недостаточно, чтобы изменить его.

Расизм больше не должен быть таким. Букер Т. Вашингтон вспоминает анекдот от Фредерика Дугласа о том, как во время путешествия на самолете его попросили переехать и сесть в багажный вагон из-за его расовой принадлежности, что побудило одного из его белых сторонников броситься к нему, чтобы извиниться и дать объяснение таким унижениям: «Я прошу прощения, мистер Дуглас, за такое унизительное обращение!» сказал человек.

Дуглас не отнесся любезно к таким попыткам унизить его и ответил с большой горячностью: «Никто не может унизить Фредерика Дугласа; моя душа не может быть повреждена таким обращением; вместо этого я унижаю тех, кто его причиняет.

Поддерживать такое отношение может быть очень сложно. Ненавидеть легко; набрасываться инстинктивно.

Однако великие лидеры, такие как Дуглас, выделяются тем, что не просто осуждают тех, против кого они выступают; скорее, вместо этого они проявляют к ним сочувствие. Барбара Джордан сделала это на Национальном съезде Демократической партии 1992 года, когда предложила повестку дня «Любовь. Любовь. Любовь». Мартин Лютер Кинг-младший поступил так же, когда столкнулся с ненавистью со стороны некоторых групп, с которыми он столкнулся на протяжении своей жизни.
В своих наиболее заметных проповедях доктор Кинг проповедовал, что ненависть — это бремя, а любовь — освобождение, а ненависть изнурительна. Одна из его знаменитых проповедей пошла еще дальше: мы должны научиться любить наших врагов, сначала заглянув внутрь себя. Ненависть в любой момент может разрушить то, что имеет значение в жизни, разъедая ее центр – будь то физический, психологический или социальный. Ненависть подобна кислоте, которая разъедает лучшие части нас самих, пока не останется ничего, кроме токсичных отходов».

Теперь найдите минутку и оцените себя: что вам не нравится, кого вы считаете отталкивающим, чьи имена звучат у вас в голове, и послужили ли эти сильные эмоции какой-либо полезной цели.

Возьмите еще более широкую оценку. Куда когда-либо приводила ненависть и ярость?

Чаще всего черты или поведение, которые раздражали нас в других людях – нечестность, эгоизм и лень – в конечном итоге не заканчиваются для них хорошо; их эго и недальновидность в конечном итоге дорого обойдутся им.

В какой-то момент мы должны спросить себя, станем ли мы несчастными просто потому, что несчастны другие люди.

Орсон Уэллс отреагировал на многолетнюю кампанию Херста с удивительным изяществом. По его собственным словам, он встретил Херста в лифте в вечер премьеры - событие, на то, чтобы сорвать это событие, Херст приложил огромные усилия. Уэллс пригласил Херста к себе и пошутил, что Чарльз Фостер Кейн наверняка согласился бы. Херст отказался; столкнувшись с ответом Уэллса, он тоже отказался!

Гений Уэллса в «Гражданине Кейне» потребовалось время, чтобы зрители во всем мире признали его. Тем не менее, Уэллс продолжал сниматься в других фильмах и проектах, живя при этом полноценной и счастливой жизнью; в конечном итоге закрепив свое место в авангарде истории кинематографа благодаря показу в замке Херст в государственном парке Сан-Симеон почти через семьдесят лет после премьеры.

События Уэллса были несправедливыми, но, по крайней мере, он не позволил им разрушить его жизнь. Давняя подруга Уэллса сказала публике во время его панегирика, что, хотя любое пренебрежение к Уэллсу, исходившее от Херста или других людей в Голливуде, было вредным, «это никогда не ожесточало его»; другими словами, Уэллс так и не стал вторым Херстом.
Не каждый может ответить таким образом; Кажется, что в разные моменты нашей жизни мы все обладаем разными способностями к прощению и пониманию; даже когда некоторые могут продолжать жить своей жизнью, не неся с собой ненужной обиды. Помните, Кирк Хэммет стал гитаристом Metallica? Чтобы освободить для него место, им пришлось убрать Дэйва Мастейна, который впоследствии сформировал Megadeth, поскольку их бывший товарищ по группе также покинул их. Даже во время своего самого выдающегося успеха его одолевал гнев из-за того, как с ним обращались много лет назад. Это довело его до зависимости и могло оказаться фатальным для его благополучия. Прошло 18 лет, прежде чем он смог хотя бы начать понимать, что произошло, сказав, что у него все еще было ощущение, будто вчера его обидели и отвергли. Слушая его рассказ, вы можете подумать, что он в конечном итоге жил под мостом, хотя на самом деле эта рок-звезда за свою долгую карьеру продала миллионы пластинок и создавала звездную музыку.

Мы все испытывали такую жгучую боль – чувство, отраженное в его текстах как «чернозубая ухмылка». Зацикливаться на том, что кто-то сделал или на том, как все должно было быть, как бы это ни было больно, — это выражение своего эго; все остальные, возможно, пошли дальше, но вы все равно не можете, потому что ваш мир вращается исключительно вокруг вас и не может смириться с тем, что кто-то потенциально может причинить вам вред (намеренно или нет), ведя вас по уродливому пути к ненависти и мести.

Неудачи или невзгоды позволяют легко ненавидеть. Ненависть перекладывает вину на других; мы не добьемся большего, если наши умы заняты жаждой мести и расследованием предполагаемых обид, совершенных против нас.

Приближает ли это нас к тому, чего мы хотим? Нет. Вместо этого это удерживает нас там, где мы находимся, или, что еще хуже, вообще останавливает любое развитие. Для тех, кто уже добился успеха (как Херст), такое поведение может запятнать наше наследие и умалить то, что должно было стать нашими золотыми годами.

Любовь не за горами; бескорыстный, открытый, позитивный, уязвимый, мирный и продуктивный — все в одном лице.

# Глава 31: Эго — наш враг

Для каждого нового вызова впереди

Ни один мужчина не любит работу; но что я ценю в работе, так это ее способность к самопознанию.

Эпическая биография Уинстона Черчилля, написанная Уильямом Манчестером, включает средний том под названием «Один», в котором исследуется восьмилетняя борьба Черчилля со своими недальновидными коллегами и растущая фашистская угроза изнутри западных стран.

Но в конце концов он снова одержал победу и преодолел все невзгоды, чтобы снова оправдаться.

Кэтрин Грэм проделала трудный путь, взяв под свой контроль семейную газетную империю, в то время как Дональд Грэм, должно быть, чувствовал то же самое, пытаясь сохранить ее во время ее резкого упадка в середине 2000-х годов. Но обоим удалось добиться успеха; ты тоже можешь сделать то же самое!

Обойти это невозможно: мы столкнемся с трудностями и потерпим неудачу. Бенджамин Франклин заметил, что тот, кто пьет до дна, должен в какой-то момент своей жизни ожидать неприятного отброса.

Но, может быть, эти отбросы не так уж и страшны? Гарольд Джинин отмечал: «Люди больше всего учатся на своих неудачах, чем на успехах; именно поэтому старая кельтская пословица говорит нам: «Много видеть, много учиться, много страдать – это путь к мудрости!»

Ваша нынешняя ситуация может, должна и может оказаться именно таким путём.

Мудрость или невежество? Эго часто является решающим фактором.

Стремление ведет к успеху (и невзгодам). Успех порождает свои собственные неудачи (будем надеяться, вдохновляющие на новые амбиции), неизбежно ведущие к еще большему стремлению и большему успеху, создавая бесконечный цикл.

Все мы существуем в континууме, занимая разные позиции на его траектории на протяжении всей жизни. Однако когда случается неудача, боль становится непоправимой.

Что бы нас ни ждало дальше, одно остается неизменным – эго. Эго может сделать любой шаг трудным, но неудачу он оставит после себя навсегда, если мы не научимся на прошлых ошибках и не воспользуемся этим моментом как возможностью лучше понять себя и самих себя, эго будет искать ее изо всех сил.

Все великие мужчины и женщины сталкивались с препятствиями на пути к величию; все совершали ошибки на своем пути. Этот опыт принес некоторую пользу; даже если они просто осознают, что они не непобедимы и что не всегда дела идут так, как надо. Самосознание стало ключевым моментом – без него они не смогли бы совершенствоваться как личности и не смогли бы преодолеть какие-либо проблемы в дальнейшем.

Поэтому мы используем их мантру в качестве руководства, чтобы успешно ориентироваться в жизни на каждом этапе. Хоть и просто (хотя никогда не бывает прямолинейно!).

Никогда не преследуйте ничего ради личной выгоды.

Успех без эгоизма: цель.

Как подойти к неудаче с мужеством, а не с гордостью.

# Глава 32: ЭПИЛОГ

Наша жизнь охвачена внутренней гражданской войной. Между двумя отдельными частями нас самих, существующими в душе каждого человека, происходит что-то вроде перетягивания каната – Юг и Север; продолжающаяся борьба, которая влияет на каждый аспект самой жизни.

--МАРТИН ЛЮТЕР КИНГ МЛАДШИЙ.

Поздравляю с прочтением моей книги! Я боялся, что некоторые, в том числе и я, могут этого не сделать; по сути, я не был уверен, смогу ли я когда-нибудь дойти до конца. Но вот мы здесь; некоторым людям это удалось! Я даже не был уверен, что смогу.

Как вы сейчас себя чувствуете? Вы перегружены, измотаны или освобождены?

Это нелегкий подвиг — противостоять своему эго лицом к лицу; сначала признать, что он существует; а затем подвергнуть его тщательному изучению и критике. Большинство из нас не могут вынести дискомфортного самоанализа и найти утешение в другом месте — некоторые из самых невероятных достижений человечества часто можно найти скрытыми внутри тех, кто хочет избежать встречи со своей внутренней тьмой эго.

Достигнув этой стадии, вы уже добились значительных успехов в борьбе с ней. Конечно, еще многое предстоит сделать, но, по крайней мере, вы положили впечатляющее начало.

Мой друг Даниэле Болелли, влиятельный философ и мастер боевых искусств, однажды дал мне поучительную метафору: тренировка подобна подметанию пола; однажды это не защитит от пыли навсегда, и это необходимо делать ежедневно, чтобы оставаться чистым.

Подобные проблемы затрагивают наше эго; вы будете удивлены, увидев, какой вред пыль и грязь могут нанести с течением времени; его накопление быстро становится практически неконтролируемым.

Дов Чарни был в отчаянии после увольнения из American Apparel и позвонил мне в 3 часа ночи. Он чувствовал себя полностью ответственным и отрицал всякую ответственность за свою ситуацию. Когда я спросил, каковы его планы — могут ли они последовать примеру Стива Джобса и основать другую компанию, — он замолчал, сказав мне с большой искренностью: «Я, Джей, все получится».

Стив Джобс умер. Я помню, как в те последние часы, когда мы разговаривали вместе, я почувствовал, что эта неудача, должно быть, ощущалась для него как смерть. В последующие месяцы я с ужасом наблюдал, как его действия разрушили все, над чем он работал в Apple.

Я никогда не забуду это печальное воспоминание, оно навсегда останется частью меня.

Однако по милости Божией я могу все. Это может включать любого из нас.

Успех и неудача приходят к каждому по-разному. Пытаясь написать эту книгу, я просмотрел четыре упорных, но отвергнутых проекта ее предложения и множество черновиков ее рукописи. В более ранних проектах, например, когда работа с кем-то еще меня сломала; возможно, я бы уволился, работал с другой командой или упирался в пятки, пока мой путь не был выбран и каким-то образом непоправимо испорчен книге.

В какой-то момент моего процесса я обнаружил терапевтическое устройство. После того, как каждый черновик был готов, я разрывал каждую страницу и сбрасывал их в компостную кучу в своем гараже — из-за этого болезненные страницы превращались в грязь, которая кормила мой двор, где я мог ходить босиком без боли, обеспечивая немедленную связь с огромной вселенной. это в конечном итоге заберет меня, когда придет мое время и природа разорвет меня на части. Это помогло мне напомнить, что все это произойдет и со мной однажды, когда придет моя очередь умирать, и природа сделает со мной все, что пожелает, когда моя жизнь закончится и природа решит, что это тоже произойдет тогда.

Одно из самых освобождающих прозрений пришло ко мне, когда я писал и размышлял над идеями на только что прочитанных страницах. Я осознал, какой разрушительной иллюзией является идея о том, что наша жизнь должна быть «великим памятником», выдержавшим испытание временем. Любому амбициозному человеку знакомо это чувство: он должен совершить великие дела, чтобы стать достойным вкладчиком; в противном случае они могут также считать себя никчемными неудачниками, не имеющими шанса на искупление в этой жизни; в конечном итоге давление может оказаться настолько сильным, что человек в конце концов сломается под его давлением или сам станет его жертвой.

Конечно, это не точно. Каждый обладает огромным потенциалом внутри себя; у всех нас есть цели и достижения, которых, как мы знаем, мы можем достичь; означает ли это создание компании, завершение творческих работ, участие в чемпионатах или становление лидером в своей области — это достойные цели, для достижения которых требуется упорный труд. Сломленный человек не может до них добраться.

Проблемы возникают, когда наше эго мешает, ставя под угрозу эти стремления и подрывая нас на пути к достижению. Шепот лжи, когда мы начинаем путешествие; и еще хуже, когда нам это удастся!
Эго может быть похоже на любой наркотик: его сначала употребляют, чтобы получить преимущество или облегчить обиду; но в конечном итоге это становится самоцелью, оставляя человека незащищенным в сюрреалистических моментах, таких как те, которые случаются во время разговора с Довом по телефону, или те, которые описаны в поучительных историях в этой книге.

Мой опыт работы и жизни показал мне, что большинство последствий эго не столь драматичны; те в вашей жизни, кто поддается своему эго, не всегда «получат то, что заслуживают», как нас учили в детстве. К сожалению, это не так просто.

Вместо этого моя любимая книга «Что заставляет Сэмми бежать?» Бадд Шульберг внимательно следит за финалом одного из его знаменитых персонажей; Изображены Сэмюэл Голдвин и Дэвид О. Селзник из реальной жизни. В конце концов, в этой истории, действие которой происходит в Голливуде, главного героя вызывают в гости к одному безжалостному магнату после его стремительного взлета - сначала он восхищается, но вскоре разочаровывается во всех них.

В этот решающий момент рассказчик получает представление о жизни этого человека - о его одиноком браке, пугающей неуверенности и неспособности отдохнуть даже па мгновение. Он понимает, что никакой надежды на месть за все нарушенные правила и несправедливые средства, использованные для продвижения вперед, не было; на самом деле это уже началось, как только он написал.

Поскольку я ожидал, что произойдет что-то решающее и фатальное, то, что на самом деле происходило, было более постепенным. Он подхватил какую-то болезнь во время эпидемии, пронесшейся по месту его рождения, как чума; болезнь, медленно разъедавшая его, с симптомами, которые развивались и усиливались: успех, одиночество и страх - страх перед всеми яркими молодыми людьми, которые встретились на его пути и попытались беспокоить или даже угрожать ему, в конечном итоге полностью захватив его.

Это проявляется во многих формах; разве мы не боимся стать такими?

Наконец, позвольте мне рассказать одну вещь, которая, я надеюсь, завершит все круговорот. Когда мне было 19 лет, этот отрывок поручил прочитать наставнику, который рано добился успеха в развлекательном бизнесе; как и он сам, эта книга оказалась для меня влиятельной и информативной, как и было задумано им.
Тем не менее, в последующие годы я оказался в почти идентичной ситуации, как те, кто изображен в книге: меня не просто вызвали в их роскошный особняк, чтобы стать свидетелем того, как кто-то, кем я восхищался, переживает неизбежный крах; скорее, вскоре я оказался близок к тому, чтобы и моя тоже случилась.

В качестве доказательства, когда я просматривал оригинал, чтобы напечатать этот отрывок для эпилога, я обнаружил страницы, исписанные моим рукописным ответом на слова Шульберга, интеллектуальным и эмоциональным, однако я сделал выбор, который повел меня по ненужному пути. В то время я думал, что одного взмаха будет достаточно!

Спустя десять лет после того, как я впервые прочитал и записал свои мысли об этом, эти уроки снова нашли тот отклик, который и должен был.

Бисмарк однажды сказал, что любой дурак может учиться на опыте; ключ заключается в обучении на опыте других людей. Пока я намеревался исследовать эго, эта книга превратилась в нечто гораздо более мрачное; мое эго, а также эго тех, на кого я так долго равнялся, столкнулись друг с другом – к моему шоку и удивлению!

Опыт часто необходим при изучении новой информации; как сказал Плутарх, мы получаем знания через опыт, а не только через слова.

В любом случае, я хочу завершить эту книгу идеей, которая руководила всем, что вы только что прочитали: стремиться стать лучшими бизнесменами или деловыми женщинами, спортсменами или победителями — это замечательно; мы должны стремиться к лучшему образованию, финансовой безопасности и, как я уже неоднократно писал в этой книге, к великим вещам. Лично я стремлюсь к этому каждый день.

Не менее впечатляет то, как люди становятся лучше; Быть более счастливыми, уравновешенными людьми, довольными людьми, а также скромными и самоотверженными людьми — все это впечатляющие достижения, которые часто воспринимаются как нечто само собой разумеющееся. Что наиболее очевидно, но часто игнорируется, так это то, что совершенствование нашей личной жизни напрямую ведет к профессиональному успеху; чаще всего этот путь лежит наоборот - очищение привычных мыслей и обуздание деструктивных порывов не является просто моральным долгом любого порядочного человека; выполнение этих действий делает нас более успешными; они позволяют нам безопасно плавать в неспокойных водах амбиций, при этом вознаграждая всех на своих условиях!

Вот вы и подошли к концу этой книги об эго, увидев столько информации о его проблемах, как из опыта других людей, так и из моего собственного. Теперь это ваш выбор: что вы будете делать со всеми этими знаниями не только сейчас, но и в последующие годы?

Каждый день на протяжении всей своей жизни вы будете испытывать одну из трех фаз: стремление, успех или неудачу. На каждом этапе вам придется сражаться с самим собой, совершая ошибки на своем пути.

Каждую минуту и каждый день подметайте пол, пока не соберется вся грязь, а затем подметите еще раз!

КОНЕЦ

Правки и макет этой печатной версии защищены авторским правом © 2023.
Индраджит Наяк

www.ingramcontent.com/pod-product-compliance
Lightning Source LLC
Chambersburg PA
CBHW041831110726

48006CB00020B/2587